착각의시학 시끌리오 제17호
한국착각의시학작가회

고독, 한 송이 꽃

착각의 시학 시끌리오 제17호 참여 작가(가나다순)

초대시인 1

김년균 전북 김제 출생. 1972년 이동주 선생 추천으로 등단. 24대 한국문인협회 이사장 역임. 시집 《자연을 생각하며》 《사람을 생각하며》 등 다수. 한국현대시인상, 들소리문학상 대상, 윤병로문학상, 윤동주문학상 등 수상.

김유조 건국대 명예교수(부총장 역임), 국제PEN 한국본부 부이사장. 미국소설학회, 헤밍웨이 학회, 서초문인협회 등 회장 역임. 현대작가, 미래시학, 국제문예 등 고문. 시집 《여행자의 잠언》 《여든 즈음에》 등. 장편소설, 소설집, 평론집, 학술서, 번역서 다수.

김종상 1958년 『새교실』 지우문예 현상공모 小年小說 입상. 1960년 《서울신문》 신춘문예 童詩 「산위에서 보면」 당선. 동시집 《흙손엄마》, 동화집 《아기사슴》, 시집 《고갯길의 신화》 등 다수. 대한민국문학상 본상, 대한민국5·5문화상, 한정동아동문학상 외. 현재)한국문협, 국제PEN, 현대시협, 한국아동문학인협회 고문.

류병구 충북 청주 출생. 한국외국어대와 성균관대에서 불문학, 유교철학 전공. 철학박사. 전 가천대 교수. 『월간문학』 등단. 시집 《달빛 한 줌》, 《쇠꽃이 필 때》, 《낮은 음역의 가락》 등.

마경덕 전남 여수 출생. 세계일보 신춘문예 시 당선. 계간 『착각의시학』 편집 자문위원. 시집 《신발論》 《글러브 중독자》 《사물의 입》 -新 글러브 중독자 《그녀의 외로움은 B형》. 제2회 북한강문학상 대상 . 두레문학상 , 선경상상인문학상. 모던포엠 문학상 수상.

손필영 서울 출생. 조선일보 신춘 문예 당선. 제1회 아시아 창작 거점 파견시인 (한국문화예술위원회). 국민대학교 교양대학 교수. 계간 『착각의시학』 편집위원. 김기림문학상 대상 수상. 시집 《빛을 기억하라고》 《타이하르 촐로》 《그 바람이 어찌 좋던지》 공저 《詩에게 말 걸기》 외 다수.

오세영 전남 영광 출생. 전남의 장성과 광주, 전북의 전주에서 성장. 1965-68년 박목월에 의해 『현대문학』지 추천으로 등단. 시집 《바람의 아들들》 《사랑의 저쪽》 등, 시조집 《춘설(春雪)》, 학술서적 《시론》, 《한국현대시분석적 읽기》 등.

유안진 서울대학교 명예교수. 1965년 『현대문학』으로 등단. 《구름의 딸이요 바람의 연인이어라》 《거짓말로 참말하기》 《둥근 세모꼴》 《터무니》 등 18권의 신작 시집과 《지란지교를 꿈꾸며》등 산문집 다수 상재. 한국시협상 박목월문학상 정지용문학상등 12개의 시문학상 수상. 현재 대한민국예술원 문학분과 회원.

유자효 신작 시집 《포옹》, 시선집 《세한도》, 시집 해설서 《잠들지 못한 밤에 시를 읽었습니다》, 번역서 《이사도라 나의 사랑 나의 예술》. 만해대상 수상. 현 (사)한국시인협회장.

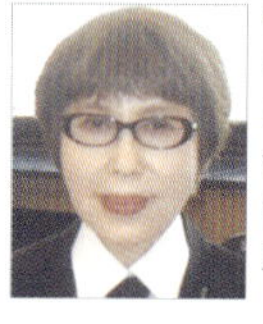

이옥희 1976년 『현대문학』 에서 첫 시집「햇살이 엉켜 흐르듯」 미당 서정주 서문. 등단. 시집 《들판을 서성이는 바람이어라》 외 7권. 수필집 《내 안의 영원한 꽃빛》 외. 한국여성문학인회 23대 이사장 역임. (현)한국문협 자문위원, 용산문학인회 회장. 제17회 조연현 문학상, 펜문학상 수상 외.

허형만 1973년 『월간문학』(시), 1978년 『아동문예』(동시) 등단. 시집 《영혼의 눈》 《황홀》 《바람칼》 외 다수. 한국시인협회상, 영랑시문학상, 공초문학상, 김기림문학상 등 수상. 현재 국립목포대학교 명예교수. (사)한국가톨릭문인회 이사장.

김경수 1980년 『해변문학』 시작(詩作) 활동. 현, 사)한국시인협회 이사, 사)한국통일문인협회 출판예술위원장. 계간 『착각의 시학』 발행인 및 주간. 시민예술대학 문예창작반 지도시인 시집 《기수역의 탈선》 외 8권. 평론집 《상상의 결이 청바지를 입다》 외. 한국농민문학상, 한국문협작가상 외 수상.

초대수필가 1

정정호 필명 정세문. 계간 『착각의 시학』 평론 등단. 서울대학교 영어교육과 및 동대학원 영문학과 졸업. 미국 위스컨신(밀워키)대학교 영문학 박사. 계간 『착각의시학』 편집자문위원. 현재, 중앙대학교 명예교수. 문학평론가. 김기림문학상(평론) 대상 외 다수 수상.

이성림 『문예사조』 수필 등단(1990.12). 전국여교수연합회·전국문예창작학회 부회장. 한국문인협회 은평지부장 역임. (사)여성문제연구회 회장. 한국여성단체협의회 출판홍보위원장. 명지전문대학 명예교수. 저서 《고전문예론》 《한국문학에 나타난 규훈연구》 《수필강의록》 《생활한자》 《문학의 이해》 《혼자 피는 꽃(공저)》 등.

초대시인 2

강구원 2019년 시집 《오디에 서린 얼굴』 발간. 2019 착각의 시학 주관 제14회 한국창작문학상 수상. 한국신춘문예 시 부문 당선. 계간 『착각의 시학』 시 부문 수상(「안개」, 「솜이불」, 「님의 산수(傘壽)에 올림」). 1972년 8월 한국시인협회(풀과 별 月刊詩誌) 시부문 추천(「별빛 속의 추억」, 「오디에 서린 얼굴」)

강명숙 『한국시학』 등단. 계간 『계간시원』 편집국장. 시집 《은유의 집 짓다》 《높이를 잘라내다》 외, 공저 《바람에게 길을 묻지마오》 외 다수. 춘우문학상, 한국시원시문학상 수상.

초대시인 2

고광자 1996 월간 『순수 문학』 시 등단. 서울시무형문화재47호시조창 이수자. 한국불교아동문학회회장·마포문인협회고문·한국공무원문인협회고문·국제펜한국본부이사·한국여성문학인회이사 외. 공무원문학상·한국아동문학창작상·제주문학상 수상 외. 시집 《바다와 소나무》 외15권 상재.

고원구 계간 『열린문학』 시 등단. 한국문인협회 회원, 국제펜한국본부 회원. 경북문인협회 회원, 계간 『착각의 시학』 편집위원. 전, 경북동부 신문사 논설위원. 시집 《구름 나그네》 《길이 없어도 별은 뜬다》 《시간을 빗으며》 외 다수. 한국창작문학상 수상.

구신자 충남 서천 출생. 고려대학교 원예학과 졸업. 계간 『착각의 시학』 시 등단. 강화문학회 회원, 강화미술협회 회원, 한국착각의시학작가회 회원. 시집 《꽃뱀, 굴을 나오다》 공저 《모국어 외상장부》 외. 2020년 꽃의 향연 구신자 개인전 (토포하우스,서울) 더리미미술관(강화). 한국창작문학상 수상.

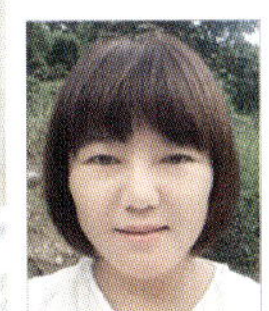

김가론 경북 상주 출생, 계간 『착각의 시학』 시 등단. 한국문인협회 회원, 한국착각의시학작가회 회원. 을지로시동인. 공저 《詩, 물구나무서기》 《詩와 時사이》 《詩끌리오》 《모국어 외상장부》. 동인시집 《빈 젖, 그 비탈진 그리움》 《그 숲에서 향기를 듣다》.

김근성 전북 정읍 출생. 전북도청 공무원 정년. 계간 『착각의 시학』 시 등단. 한국착각의시학작가회 회원. 백마문학 동인. 시집 《사위질빵 꽃》 《화산》 《돌탑》 공저 《모국어 외상장부》 《쉼,》.

김낙완 계간 『착각의 시학』 시 등단 전북대학교 사학과 졸업. 전주성심여자고등학교 교장 정년퇴임. 백마문학회 동인. 공저 《모국어 외상장부》.

김대용 2017년 계간 『착각의 시학』 시 부문 등단. 전 (사) 중소기업융합 대구경북 연합회장. 현 (사) 대한곡물협회 경북지회장. 수의학박사 경북대학교 수의과대학 겸임교수.

김도희 전남 장성 출생. 2020년, 계간 『착각의 시학』 시 부문 등단. 한국착각의시학작가회 회원, '시와 삶' 동인.

고산지 본명 고영표(高永表). 시인 및 칼럼니스트. 시집 《비비고 입 맞추어도 끝남이 없는 그리움》 외. 장편대하서사시집 《독립없는 해방은 시리도록 아프다》 외. 작품집 《차명의 세월(안개속)》 《차명의 세월(연단)》 《계곡의 안개처럼 살다》 등. 제5회 시사문단 문학상 대상, 5회 한비문학상(수필) 대상, 상상탐구작가상 수상. 국제PEN한국본부, 크리스천문학가협회, 계간문예작가회 이사 외.

고은주 2015년 월간 『문학세계』 등단. 공저 『하늘비 산방』 공저 명작선 《韓國을 빛낸 文人》 착각의 시학 사화집 《詩 물구나무서기》, 《詩와 詩 사이》, 《詩끌리오》, 《모국어 외상장부》. 공저 제3집, 제6집 《베이비박스에 희망을 싣고》, 제2회 詩 끌리오 작가상, 제2회 베이비박스 문학상 수상.

권아올 본명 권중화. 계간 『문학과 현실』 시 등단. 한국착각의시학작가회 사무국장. 공저 《詩, 길을 묻다》 《꽃으로 오너라, 사랑으로 오너라》 《詩가 아프다고 말할 때》 《詩, 물구나무서기》 《詩와 時사이》 《詩끌리오》 《모국어 외상장부》 외 다수.

김계영 전,전주MBC 아나운서. 1998년 『포스트모던』 한국문학예술 신인상으로 등단. 한국시인협회, 강남시문학회 회원. 시산맥시회 자문위원. 시집 《시간의 무늬》 외. 동인지 《쉼표에 잠수하다》 등 다수.

김기성 전북 정읍 출생. 2012년 『한맥문학』 시 부문 등단. 사) 한국 문인협회 정읍지부회원. 정읍 내장 문학동인. 현대문학 사조 문인협회 회원. 대한해석회 회장. 동인지 《사람의 가슴에 시를 쓰려다》 공저 《詩와 時 사이》 《詩끌리오》 《모국어 외상장부》 외. 시집 《고독, 그 여정의 끝》.

김다솔 1993년 『문예한국』 수필 등단, 2002년 월간 『문학공간』 시 등단. 제16회 부산시인협회 우수상 수상, 제8회 한국바다문학 작가상, 제22회 부산문인협회 부산문학상 대상, 착각의 시학 제1회 시끌리오 한국작가상. 통영문인협회 부회장, 한국문협 회원. 시집 《궁항리바다》 외 다수의 작품집.

김도남 본명 김갑승. 전남 장흥 출생. 계간 『착각의 시학』 시 등단. 한국문인협회 회원, 한국착각의시학작가회 회원, 장흥 별곡문학 회원. 을지로 시동인. 공저 《詩 물구나무서기》 《詩와 時 사이》 《詩끌리오》 《모국어 외상장부》. 동인시집 《빈 젖, 그 비탈진 그리움》 《그 숲에서 향기를 듣다》.

김두녀 1994년 『해평시』 「바다가 불렀다」 외 9편 상재 작품 활동. 서울시인상, 경기도문학상 본상, 김기림문학상 본상 수상. 시집 《여자가 씨를 뿌린다》 《삐비꽃이 비상한다》 《꽃에게 묻다》 《빛의 정釘에 맞다》 외 공저 다수.

초대시인 2

김명실 본명 김명숙. 공주교대, 단국대대학원 국어교육과 졸업. 1992월간 『한국시』 시 부문 등단. 한국문인 협회 회원, 해평시 동인. 시집 《꿈꾸기》.

김미순 1987년 『문학과 의식』 등단. 현) (사)부산시인협회 이사장, 국제PEN한국본부 이사, 한국현대시인협회 이사. 부산문학상 본상, (사)부산시인협회상 본상, 한국해양문학상 최우수상 수상 등. 시집 《바람, 침묵의 감각》 《선인장가시, 그 붉은 꿈》 《바람, 소금 한 톨 품어오듯》 등 11권.

더성범 본명 김성범. 서울 출생. 『착각의 시학』 신인문학상 시 등단. 전국 한국화장품배 4행시 쓰기 대회 장려상, 박경리 선생 9주기 추모기념 전국 백일장대회 장려상 수상. 2021, 2022년 제4·5회 통영시 장애 인식 개선 공모전 심사위원. 공저 《쉼,》 《活語》.

김영미 충북 충주 출생. 2003년 『문예사조』 시 등단. 2009년 시집 《지렁이는 밟히면 마비된 과거를 잘라버린다》 외 공저 다수. '詩끌리오' 작가상, 문학상 및 예술공로상 다수. 경기 광주 문인협회 9대 지부장 역임. 착각의시학작가회이사.

김종권 충북 청주 출생. 계간 『착각의 시학』 시 등단. 한국착각의시학작가회 회원. 시와 등산, 사진과 더불어 세상을 여행 중. 공저 《詩, 길을 묻다》 《詩가 아프다고 말할 때》 《詩에게 말 걸기》 《詩, 물구나무서기》 《詩와 詩 사이》 외.

김행숙 파주 출생. 1995년 『시문학』으로 등단. 시집 《멀고 먼 숲》 외 5권. 시선집 《우리들의 봄날》 영역시집 《As a lamp is lit》 외. 수필집 《바다로 가는 길》. 김기림문학상, 한국기독교문학상, 이화문학상, 아름다운 문학상 수상. 한국문협건립위원, 한국현대시인협회이사, 한국여성문학인회이사, 한국기독교문인협회부회장, 이대동창문인회 부회장.

민이숙 계간 『착각의 시학』 시 등단. 한국문인협회 회원. 동두천문인협회 총무. 한국착각의시학작가회 회원. 공저 《쉼,》 《活語》 외.

박순미 율동시회 회원. 2021년 계간 『착각의 시학』 가을호 시 부문 등단. 한국착각의시학작가회 회원. 문해교원.

김무영 82년 『거제문학』 태동과 함께 문단활동, 거제문인협회장 역임. 계간 『착각의 시학』 편집위원, 한국착각의시학작가회 경남 지역 회장. 한국창작가곡협회 회원. 거제예술상 외 수상. 시집 《그림자 戀書》. 작품집 《황칠》.

김석림 충남 당진 출생. 1997년 계간 『믿음의 문학』 등단. 시집 《어둠 후에 빛은 오리라》 공저 《한길을 가는 사람들》 《詩, 물구나무서기》 《詩와 時 사이》 《詩끌리오》 《쉼,》 《活語》 외. 한국문인협회, 한국현대시인협회 회원. 한국 기독교문인협회 상임이사. 한국착각의 시학작가회 이사. 한빛교회 설교목사.

김수노기 경기도 양주 출생. 한국문인협회, 동두천문인협회, 한국착각의시학작가 회원. 공저 《活語》 외 다수.

김영천 목포문인협회, 최하림문학회, 김현문학축전, 김지하문화제 고문. 시집 《구겨진 종이가 멀리 날아간다》 등 시집 9권 상재.

김철규 군산문협 회장 역임. 전북문협 이사. 한국문협 회원. 전북시인협회 상임이사. 바다문학상, 하림예술상, 문채문학상, 한국수필문학상. 청암문학상 제정 이사장. 시집 《들바람 날바람》 외 14권 발행.

문용식 전북 익산 출생. 『착각의 시학』 시 등단. 익산문인협회, 한국착각의시학작가회 회원. 공저 《詩끌리오》 《모국어 외상장부》 《쉼,》 《活語》.

박두련 경남 사천 출생. 『시대문학』 시 등단(1999). 한국착각의시학작가회 회원. 작품 「여울」 외 다수. 공저 《詩가 아프다고 말할 때》 《詩에게 말 걸기》 《詩, 물구나무서기》 《詩와 時 사이》 《詩끌리오》 《모국어 외상장부》 《쉼,》 《活語》 외 다수.

박용진 2019 『시와반시』 소시집 등단. 2022 『대구문학』 평론 등단. 시집 《파란꽃이 피었습니다》.

박정현 전북대학교 간호학 박사. 초등교사. 한국시치료학회이사. 2020년 계간 『착각의 시학』 시 부문 등단. 한국착각의시학작가회 회원.

방지원 서울 출생. 1999년 『문예한국』 등단. 시집 《치즈가 녹기 시작하는 온도》 외. 시선집 《사막의 혀》. 김기림문학상대상. 계간문예문학상 수상. 국제펜한국본부이사. 한국문인협회이사역임. 한국시인협회이사. 한국가톨릭문인회이사. 숙명여대문학인회회원.

서동안 전북 장수 출생. 월간 『문예사조』 시 등단. 시와 공간, 움시, 김삿갓 시인대회 운영위원. 동강문학회, 진안문학, 장수문학 문학청춘, 착각의 시학, 문예사조 동인. 월간 『문예사조』 최우수상(2013) 외 다수. 시집 《꽃의 인사법》 동인지 《동강에 뜨는 별법》 외 다수. 현재 월간문예사조 詩 연재 중.

신동환 강원도 영월 출생. 목원대학교 졸업. 호서대 대학원 졸업. 계간 『착각의 시학』 시 등단. 공저 《詩끌리오》 《모국어 외상장부》.

신재미 2004년 『문학공간』 등단. 한국문인협회 회원. 강서지부 부회장 & 편집국장. 국제PEN한국본부 이사. 한국통일문인협회 사무국장. 착각의 시학 회원. 세종문학상 외 다수 수상. 저서 《춘당지의 봄》.

양회올 계간 『시문예』 시 등단. 한국문인협회. 한국현대시인협회 회원. 한국착각의시학작가회 회원. 공저 《詩. 길을 묻다》 《詩가 아프다고 말할 때》 《詩에게 말 걸기》 《詩. 물구나무서기》 《詩와 時 사이》 《詩끌리오》 《모국어 외상장부》 《活語》 외 다수

원연희 서울 출생. 성신여대 미대 졸업. 계간 『문학과 현실』 시 등단. 사인사색 동인, 방촌문학 동인. 착각의시학 회원. 동인시집 《별은 잠들지 않는다》 공저 《詩끌리오》 《모국어 외상장부》 《活語》 외. 제3회 시끌리오 한국 작품상 수상.

유나영 전북 익산 출생. 월간 『한국시』 시, 『현대문학사조』 시조 등단. 한국문인협회 회원. 익산문인협회 회원. 한국착각의시학작가회 회원. 봉황문학 동인. 시집 《풀섶에 앉은 이슬》 《마실 가는 길》 《겨울 밭에서 낚는 꿈》 《풀 각시야》 《그 겨울의 노래》 외 다수. 시조집 《낮달의 여행》 외. 공저 《모국어 외상장부》 《活語》 외 다수. 한국창작문학상 본상 수상.

박홍균 서울 출생. 계간 『착각의 시학』 시 등단. 한국착각의시학작가회 회원. 공저 《詩. 물구나무서기》 《詩와 時 사이》 《詩끌리오》 《모국어 외상장부》 《쉼,》 《活語》 외. 2017년 착각의 시학 특별상 수상. 시집 《여백의 길》.

백운순 문학박사. 원광대학교 외래교수. 한국문인협회 회원, 군산·전북문인협회 회원. 계간 『착각의 시학』 편집자문위원. 김기림문학상 본상 수상. 노산문학상 수상. 군산대학교 평생교육원(시, 시조, 수필, 창작반) 교수. 공저 《詩에게 말 걸기》 《쉼,》 외 다수.

송상익 전남 장성 출생. 시인, 시낭송가. 수필 부문 등단, 시 부문 등단, 동시 부문 등단, 동화 부문 등단, 소설 부문 등단. 21문학시대, 시선협회, 신세계문학, 알포엠낭송가협회 정회원. 공저 《쉼,》 외 다수. 독도문학상, 소설문학상, 시끌리오 전국 낭송대회 장려상 수상.

신을소 『월간문예』 등단(1990년). 한국문협, 현대시인협회, 원주문협 고문. 한국기독시인협회 회장. 총회신학교 교수 역임. 제1회 한국기독시문학상 수상. 시집 《외출》 외 7권. 시선집 《어느 간이역》

안재덕 거제대학교 사회복지학과 졸업. 방송통신대학교 청소년교육학과 졸업. 서울사이버대학교 졸업. 2021년 계간 「착각의시학」 신인상. 2021년 시집 《땅따먹기》. 공저 《活語》.

오현정 1989년 『현대문학』 시, 『한국힐링문학』 수필 등단. 시집 《라데츠키의 팔짱을 끼고》 등 10권. 동시집 《리나, 고마워》. 김기림문학상, 한국문학비평가협회상, 애지문학상, 숙명문학상, PEN문학상, 한국문협작가상, 박남수문학상 수상. 한국시인협회, 한국문협 이사 역임. 한국PEN, 한국현대시협 이사, 한국여성문학인회 부이사장. 한국문학비평가협회 부회장, 한국힐링문학 부회장. 한국작가회의 회원.

위형윤 안양대학교 명예교수. 독일튀빙겐대학교 신학박사. 한국문인협회 정회원. 한국공무원문인협회. 사)광명문인협회, 한국시인협회 회원. 시섬문인협회 정회원. 착각의시학 정회원. 저서 《기도로 쓴 시편》 외 다수. 한국기독교학회 소망학술상, Best Researcher Award, 대한민국교육문학대상 수상.

은화신 서울 출생. 2022년 계간 『착각의 시학』 시 부문 등단. 율동시 회원. 서울 아산병원 간호사.

초대시인 2

이광재 계간 『착각의 시학』 시 부문 등단. 전, 성균관대 강사, 속초 동우대 교수. 착각의 시학 작가회 회원.

이늦닢 계간 『문예운동』 시 등단. 중앙대학교 예술대학원 문예창작과. 사)한국시인협회, 사)한국문인협회 회원. 계간 『착각의 시학』 편집국장. 제3회 한국창작문학상 대상 수상. 시집 《날탱이 보고서》 공저 《詩, 물구나무서기》 《모국어 외상장부》 《쉼,》 《活語》 외.

이병연 공주 출생. 공주사범대학 국어교육과 졸업, 2001년 공주대 문학석사. 계간 『시세계』 시 등단(2016년). 2021년 한국창작문학상 대상 수상. 시집 《꽃이 보이는 날》 《적막은 새로운 길을 낸다》.

이상미 2018년 '고양작가회의'의 『작가연대』에 동화 발표로 문학활동 시작. 2020년 계간 『착각의 시학』 가을호 시 부문 등단. 화정시회 회원, 착각의 시학 회원, 상황문학 회원.

이순옥 2004년 월간 『모던포엠』 시 등단. 한국문인협회 회원, 월간 모던포엠 경기지회장, 경기 광주문인협회 회원, 현대문학사조 부회장. 제1회 매헌문학상 본상, 제12회 모던포엠 문학상 대상, 제15회 착각의시학 한국창작문학상 대상, 2021년 샘문한용운문학상 계관부문 우수상 수상. 저서 《월영가 하월가 상월가》. 공저 다수. 한국 시 대사전 수록.

이숨 전남 장성 출생. 2018 『착각의 시학』 시 등단. 시치료전문가. 백석대 기독교전문대학원 상담학 박사. 경희사이버대학원 미디어문창과 재학. 한세대학교 겸임교수. 한국문인협회 회원. 제7회 등대문학상, 제2회 詩끌리오 작품상 수상. 시집 《구름 아나키스트》(2020년). 공저 《모국어 외상장부》 《쉼,》.

이율녀 목포 출생. 『착각의 시학』 시 등단. 교육공무원 역임. 강화여류작가회원. 강화미술협회 회원.

이정님 한국기독교시인협회, 전국공무원 문인협회, 상록수문학회 이사. 서울교원문학회 지도위원, 문학방송 운영위원, 아동문학세상 중앙위원, 인천복지방송 문화국장, 실버넷뉴스 기자. 항일민족시인문학상(이상화 부문), 한국전쟁문학상(소설) 김기림문학상 수상 외. 《토닥토닥》, 《별을 닦는 아이들》 외 다수.

이광주 서울 출생. 연세대학교 국문과. 계간 『착각의 시학』 시조 등단. 저서 《시축》 《그리운 날의 노래》. 공저 《詩끌리오》 《모국어 외상장부》 《쉼,》 《活語》.

이미라 월간 『문학세계』 시 등단(1998년). 동두천문인협회 회장 역임. 한국시인협회 회원, 한국문인협회 회원. 동두천문화원 부원장. 한국착각의시학작가회 이사. 제3회 춘우문학상 대상 수상. 산문집 《The Way》 시집 《봄날의 반란》 《茶 이야기》 외 다수.

이복자 『아동문학연구』 동시(1994년), 『시마을』 시(1997년) 등단. 국제펜한국본부 이사, 한국문인협회 평생교육위원, 한국현대시인협회 자문위원, 강남시문학 회원, 한국아동문학인협회 이사, 시집 《피에로의 반나절》 외 7권, 동시집 7권 외 다수. 김기림문학상 본상, 제1회 작가연대 작품상 수상.

이세규 2004년 시인 등단, 漢詩人. 시집 《시간의 이랑을 넘는 햇살》, 《건물 벽면 동그라미의 이야기》 외. 공무원문학상 수상, 전국 문학인대회 집행위원, 한국한자한문교육학회 이사, 한·중·일 한자심의위원, 예장회(藝長會) 회장 역임. 가락 역사 심의위원, 한국고서연구회 부회장, 한국공무원문인협회 회장.

이순희 2002년 『심상』 등단. 가곡 독집 『어디로 가는 가』(2010)와 『아무島』(2021). 「그냥」, 「산 그림자」, 「하늘을 보고 있으면」 등 다수의 시를 가곡으로 발표. 창작 의병가 『의병, 겨레의 횃불이여』, 시집 《꽃보다 잎으로 남아》가 있다. 동국문학상 수상.

이애진 서울 마포 출생. 2000년 『문학시대』 등단. 한국문인협회, 한국시인협회, 문학의집서울 회원. 한국 가톨릭 문인회 감사. 시집 《꽃이어서 행복해라》.공저 《오늘처럼 비가 내리면》 외 다수. 전국 지역신문 연합회 문화예술 대상, 중구신문 문학상 수상.

이인헌 전북 고창 출생. 원광대학교 대학원 졸업. 전 전주대학교 외래교수. 2019년 『착각의 시학』 시 등단. 도예가.

이정수 서울 출생. 2020년 『문학과의식』 신인문학상 수상. 2021년 『월간시』 추천 시인상 당선. 목동교회 목사.

초대시인 2

이종영 월간『문학공간』시 등단. 한국문인협회 회원. 한국착각의시학 작가회 회원. 시집《붉은 사과는 열리지 않았다》《물꽃》《들꽃 같은 사람》《아홉고랑》외. 공저《詩와 時 사이》《詩끌리오》《모국어 외상장부》《쉼,》외. 한하운 문학상, 황희 문학상 외 수상.

이형철 서울 출생. 2021년 계간『착각의 시학』가을호「신인상」으로 등단. 대표작으로는「소녀의 집」,「탯줄」,「커피 얼룩」등. 착각의 시학 회원. 고양시 '화정시회' 회원. 동인지《꽃우물 詩우물》출간.

장수현 충남 연기군 출생. 월간『신문예』등단. 사)한국문인협회 감사. 한국착각의시학작가회 감사. 제27회 예총예술문화상(문학), 제2회 전국 무궁화문학상 공모전 금상(산림청장), 방촌문학상 수상. 공저《새벽달은 별을 품고》《詩와 時 사이》《詩끌리오》《모국어 외상장부》《쉼,》《活語》외 다수.

전순선 2005년 월간『문예사조』시 등단. 한국문인협회 문학생활화 위원. 착각의시학작가회 이사. 한국시인협회 회원, 현대시인협회 회원. 동두천문인협회 부지부장. 시집《별똥별 마을》《풀잎의 등》《직립의 울음소리》. 제5회 춘우문학상, 백교문학상, 아태문학작품상 수상.

정순 월간『조선문학』시 부문,『수필문학』수필 부문 등단. 한국시인협회회원,한국문인협회 회원. 조선문학 작가상, 최남선 문학상 수상.

정해현 월간『한국시』등단. 한국문인협회 회원, 한국착각의시학작가회 이사. 공저《詩에게 말걸기》《詩, 물구나무서기》《詩와 時 사이》《詩끌리오》《모국어 외상장부》외 다수. 제3회 시끌리오 한국 작가상 수상.

조경화 필명 다연. 서울 출생. 2008년 월간『문학저널』시 등단. 한국문인협회회원. 국제펜한국본부, 경기시인협회, 양평예총이사. 양평문인협회시분과회장. 시원사운영위원. 청송시인회 회장 역임 외. 시집《봄 눈 녹듯》《이승 계산은 엉터리다》외. 대한민국불후명작상, 한국불교문학작가상, 경기예총대상, 한국문학신문대상 한국창작문학상대상 수상.

조은설 2013년 계간『미네르바』시 등단. 한국방송통신대학 국문학과 졸업.한국일보 여성 생활수기 당선.『월간문학』동화 등단. 아르코 문예기금 수혜. 한국아동문학회 작품상 수상. 월간문학 작품상(동화) 수상. 시집《거울뉴런》외 3권. 풀꽃아동문학회 회장. 미네르바 이사.

이현원 2013년 월간『문예사조』시 부문 신인상 수상. 2015년 월간『한국수필』수필 부문 신인상 수상. 한국문인협회 회원, 한국현대시인협회 회원, 한국수필가협회 회원, 미국 워싱턴문인회 회원. 청숫골문학회 회장. 문예사조문학상 수상. 시집《그림자 따라가기》

장문영『한국문인』시 등단. 시집《가을 편지》《숲속의 푸른 언어》《소금의 눈》공저 다수. 문학공간상 본상, 동두천 문학상, 김기림 문학상 본상 수상. 현)한국문인협회 정화위원, 국제펜한국본부 이사. 한국시인연대부회장 역임. 한국문화예술연대 이사. 계간 착각의시학 편집 고문.

장재흥 논산 출생. 계간『착각의 시학』시 등단. 한국착각의시학작가회 이사. 시집《사람을 합치면》《별을 쫓는 목동》. 공저《詩에게 말 걸기》《詩끌리오》《모국어 외상장부》《쉼,》《活語》외 다수.

정사읍 서울 출생. 1975년부터 작품 활동. 1993년 롯데매니아 社紙 9.10호 글소리에「사랑, 그것은」이 채택되어 아호 정영창으로 발표됨. 계간『문학과 현실』시 등단. 한국문인협회 회원. 문학과 현실 작가회 초대회장 역임. 제1회 창작문학상 수상. 저서 12번째 시집 발간.

정의숙 경기도 화성 출생. 2017년『한국시학』으로 등단. 한국문인협회 회원. 한국경기시인협회 사무차장.

조경수 1950년 대구 출생 체신청 공무원 역임. 중앙일보 광고 기획 차장. 현 광고 기획 Freelancer. 한국문인협회 동두천 지부 회원. 사)한국예술인총연합회 동두천지부장. 사)한국문인협회 동두천지부장 표창. 2020년『착각의 시학』수필 등단. 착각의 시학 작가회 회원.

조남윤 고려대학교 국어교육과 졸업. 2020년『착각의 시학』시 부문 등단. (현) 성덕여중 국어교사. 성산감리교회 장로. 한국착각의시학작가회 회원.

주윤신 전북 전주 출생. 국민대학교 문예창작대학원 문학석사. 2008년『월간문학』詩부문 등단. 2008년〈기독교 타임즈문학상〉수상. 2022년 산문집《詩에게》시집《묶인 손》. 계간문예 기획위원. 한국문인협회, 한국현대시인협회, 한국기독교문인협회, 한국착각의시학작가회 회원.

초대시인 2

최명숙 아호 청리. 2019년 계간 『착각의 시학』 시 등단. 화정시회 회원, 상황문학 회원, 한국착각의 시학작가회원. 단무도 강사.

최수일 2019년 『문학비평』 신인 우수상 수상. 2021년 제18회 풀잎문학상 시부문 대상. 호서대학교 교수 역임. 고오롱글로벌(주) 전무 역임.

한봉수 전주고, 외대이태리어과 졸업. 계간 『착각의 시학』 시, 문학평론 등단. 한국문인협회회원, 한국착각의시학작가회원. 시집 《날더러 숲처럼 살라 하네》. 강동구 [시로 꿈꾸는 마을] 대표.

해솔 전북 장수 출생. 계간 『착각의 시학』 시 등단. 시 창작 아카데미 수강. 한국착각의시학작가회 간사. 을지로 시동인. 동인시집 《빈 젖, 그 비탈진 그리움》 《그 숲에서 향기를 듣다》. 공저 《詩와 時 사이》 《詩끌리오》 《쉼,》 외.

현미정 『월간문학』 등단(2006). 한국문인협회 회원. 열린시 서울 자문위원. 불교문학 부회장. 불교문학 대상, 순수문학상 수상. 시집 《밀어》. 동화집 《썬그라스를 쓴 두더지와 한강제비》. 공저 《詩끌리오》 《모국어 외상장부》 《쉼,》 《活語》 외.

최수경 『해동문학』 시 등단(1996). 한국문협 동두천지부회장 역임, 현 한국문인협회동두천지부 고문. 계간 『착각의시학』 편집자문위원. 시집 《잔디 깎는 남자》 《멀어지는 풍경》 외 다수. 산문집 《정다운 마음》. 경기문학 우수상, 한국창작 문학상 대상, 춘우문학상 대상 외 수상.

한명숙 2003년 월간 『수필과 비평』 수필, 2007년 계간 『문예운동』 시 등단. 한국문협, 군포문협, 동서문학, 착각의시학작가회 회원. 2003년 시흥문학상(시) 금상, 2014년 한올문학상(시) 우수상. 수필집 《남자의 눈물은 뜨거웠다》 시집 《붕어빵아줌마》 《그랬으면 좋겠네》 등.

한수남 아호 한림(翰林). 1931년 일본 동경도 출생(재일교포3세). 2012 계간 『문학과 현실』 시 등단. 용인시민신문기자(1908~2011년) 역임, 일어동시통역원 역임 (한국관광공사). 88올림픽 보도본부 통역기자 역임. 시집 《맹골애가(孟里哀歌)》 외 5권.

허가은 본명 허영남. 강원 홍천 출생. 계간 『착각의 시학』 시 등단. 한국착각의시학작가회 회원. 동인지 《우리는 희미한 것을 가지고 있다》. 공저 《쉼,》 《活語》 외.

초대수필가 2

김화영 재미 시인·수필가. 『대한문학세계』 시 등단. 계간 『착각의 시학』 수필 등단. 한국 착각의시학 작가회 회원, 공저 《시가 아프다고 말할 때》 《시에게 말 걸기》 《詩와 時 사이》 《詩끌리오》 《모국어 외상장부》 《쉼,》 《活語》 외.

반윤희 수필가·시인·서양화가. 칼럼니스트. 한국문인협회, 국제PEN 한국본부회원. 전, 중랑 작가회 대표. 제2회 K-SKAF 아트페어 추천작가 전시(예술의 전당) (현)한국엔지오신문, 노년신문, 남양주 명품타임즈. 객원기자. 수필집 《타이밍을 못 맞추는 여자》 《내 인생의 앙상블(詩畵 集)》 외 다수.

전영해 아호 월곡(月谷). 충남 청양 출생. 명지대학 문예창작과 졸업. 명지대학교 무역대학원 수료. 계간 《착각의 시학》 시, 계간 《문학과 현실》 수필 등단. (사)여성문제연구회 자문위원. 한국문인협회 관악구지회 이사. 《月谷文集》 《관악문집》 발간.

김윤자 제주 출생. 제주대학교 대학원(석사)졸업. 계간 『착각의 시학』 수필 등단. 한국착각의시학 작가회 회원. 전주대학교 백마문학회 동인.

박현주 2017년 『문학시대』 수필 등단. 한국문인협회, 문학시대 수필가회, 한국착각의시학작가회 회원. 『청담수필』 동인 활동. '생명존중 교육' 강사. 수필집 《공작새 날다》.

이은용 2022년 계간 『착각의 시학』 수필 등단. 한국착각의시학작가회 회원. 사)한국문인협회 강화지부 회원. 사)강화3·1운동기념사업회 이사장. 강화기독교역사연구소장. 송암 박두성선생 기념사업회 자문위원, 강화문화원 운영위원.

차혜숙 국제PEN한국본부 이사, 계간 문예작가회 이사. 한국문인협회 회원. 수필집 《무무무》 《주머니 속의 기(氣) 행운을 가져온다》 《복기생》 《그래도 사랑하는 사람들 (공저)》 송강 정철 추모백일장(장려상, 한글학회 주최 시 부문) 한맥문학상(수필). 불교문학상. 작가상(본상). 서포 김만중(대상). 상상탐구(작가상) 수상.

초대평론

이정미 서울 출생. 중앙대학교 국어국문학과 졸업. 동대학원 박사과정 수료. 『월간문학』 평론부문 등단. 계간 『착각의 시학』 부주간. 한국작가회의 부천지부. 부천소설가협회원. 한국창작문학상 대상 수상(평론). 공저 《詩에게 말걸기》 《詩, 물구나무서기》 《詩끌리오》 《모국어 외상장부》 외.

발간사 _

“고독, 한 송이 꽃”

김경수 / 계간 착각의 시학 대표

가을 끝자락에 와있는 어느 날 억새 향연이 펼쳐지는 상암동 하늘공원을 찾았다.

마스크를 던져버린 마음은 새로움에 대한 꿈과 희망에 대한 설렘 그 자체다. 하도 많은 인파에 휩쓸려 다니다가 길을 잃어 억새밭에 주저앉고 말았다. 가을은 색바랜 모습으로 겨울에 도달하기 위하여 자신의 본질을 바꾸고 있다. 그 모습의 외침을 거침없이 바람에 흔들어 보인다.

지난 3년의 잠에서 기지개를 켜는 시간이 여기저기서 축제의 외침을 행동으로 여실히 보여주는 시간이다.

고서의 말을 빌리면 “밥은 봄처럼 따뜻하게 먹고, 국은 여름처럼 뜨겁게 먹고 장은 가을처럼 서늘하게 먹고, 술은 겨울처럼 차게 마셔라” 이 말은 모든 음식엔 그 음식에 알맞은 적정 온도가 있다는 말이다. 이 말에 시인은 “시는 봄처럼 쓰고, 소설은 여름처럼 쓰고, 수필은 가을처럼 쓰고, 비평은 겨울처럼 써라”라는 말로 고쳐 보고 싶다.

사계절의 순환 속에서 모든 인간과 자연은 순환의 원리에 따라 희로애락오욕의 감각을 육신으로 받으며 산다. 그러기에 기왕 문학을 하려면 고뇌가 팔팔 끓어오르는 100℃까지 고뇌하라는 것이다. 99℃에서 멈추지 말라는 것이다.

어느 시인의 시구를 인용하지 않더라도 우리는 한 송이 꽃을 피우기 위해서는 사계절의 특성을 이어받는 기술을 습득해야만 한다. 그 과정은 고독하다. 그 고독을 뜨겁게 안고 가야만 훌륭한 작품이라는 한 송이 꽃을 피울 수 있기 때문이다. 또한 시인은 평균적 가치 관계에 저항하는 다소 고독한 가치관이 필요하다는 명제로 이번 착각의 시학 시끌리오 제17호 사화집 《고독, 한 송이 꽃》을 상재한다.

인간의 삶은 끊임없이 경험을 쌓아가는 과정이다. 자신만의 역사를 가질 수 있도록 '착각의 시학'이 힘찬 응원을 할 것이다.

2022년, 17년의 세월에도 기꺼이 같은 마음으로 동행해주신 113인의 원로 문인에서부터 우리 착각의 시학 가족 작가님께 깊은 감사 말씀을 드린다.

詩 끌리오는 '문학文學이 일상이 되고 삶이 시詩가 되는 그날까지 노력합니다.

2022. 10

하늘공원에서 통찰과 직관으로-

목차_

초대시 2_

초대시 2_

초대시 2_

초대시 2_

詩

김년균

어머니

그 사랑 물길처럼 한없이 길어도
시샘하는 이 없고,
그 가슴 허공 속 어디나 울창한 숲을 짓고
둥지를 틀어도 떨어지지 않고,
태풍같이 거센 바람 아무리 불어도
흔들리지 않느니,

그토록 위대하지만
모진 세월은 견딜 수 없어,
시름시름 앓다가 이윽고 손 저으며
세상 밖으로 날아가던 날,
하늘은 어떠했을까?
행여 가던 길 돌아설까 염려되어
길마다 등불을 밝히지 않았을까?

오늘도 잊지 못해 한잠을 못 이루느니
하늘이여 도우소서.
남은 세월 오직 그의 그림자만 따르며
세상을 깨우치는 종이 되어
새벽마다 슬피 울며 생전의 아름다운 소식
사람들의 심장에 전할 수 있기를.

배롱나무 후기

유월 점등하던 때
수만 송이로 발화하던 꽃잎
열대야 겪어내고
매미 소리도 지친 즈음
빛바랜 외등이라도 남았으리 찾아보니
아니 그간 뙤약볕 모두 머금어내고
열화熱火가 열화熱花를
더욱 지폈다

오래 봄볕 유혹 외면하며
겨울 성형 그대로 시침 떼던 속마음
어느 밤낮 붉은 속살로 다 내보였으니

정염을 걷기엔 아직 억울해
기울 해 기울어 불화로기 식고
귀뚜라미 청추하게 울며
한가위 만월이
차고 시린 빛을 보낼 쯤에나
백일을 불타오른 정열의 아우성도
찰흙 같은 배롱나무 수피 속으로
새삼 잦아들리

김종상 金鍾祥

본디 임자들

악어가 지갑을 가져갔다
토끼가 털모자를 가져갔다
여우가 목도리를 가져갔다
본디는 자기들 것이라 했다

황소가 구두를 벗겨갔다
밍크가 외투를 벗겨갔다
양들이 양복을 벗겨갔다
모두 자기들이 임자라 했다

다 주고 마지막 남은 것은
발가숭이 알몸뚱이뿐이었다
"이것은 내가 먹여 키웠다."
흙이 통째로 가져가 버렸다.

세한도

탱자 가시
날 선 필획으로 얻은
육신

충만함 없음으로
한땀 한땀
해진 사랑 기우며
버틴 시간

인걸은 떠났는데
완당은 없는데

의혈義血 핏줄 불뚝한
늙은 가지
저리 고고한
겨울 송백

통구멩이

광양 언니가 택배로 보내온 통구멩이
뱃머리 닮은 둥글넓적한 대가리 거무죽죽한 몸통이 허름한 통통배를 닮았다

뱃사람들 밥해주고 빨래해주고 막걸리통을 져 나르던
학교 문턱도 못 가본 앳된 총각
입 하나 덜자고 어린것을 고깃배에 실어 보냈다는 어미는 병으로 죽은 지 오래,
양동이로 바닷물을 퍼 올려 갑판을 닦으며 '배호'를 부를 때
장충단공원 짙은 안개가 피어올랐다

얼굴 모르는 그의 아비도 안개에 가려 끝내 나타나지 않았다
걸핏 밥을 태우고,반찬은 짜고,말귀마저 어두워 귀싸대기 벌겋게 부어올랐다
하늘 아래 혼자라서 젖은 장홧발에 차였다
그래도 밥은 실컷 먹어요,씩 웃던 머리통이 큰 화장火匠

파도가 무서워 울고 멀미에 울고 엄마가 미워서 울었다는 그의 이름은
그저 화장이었다

손톱 밑이 까만 그 총각, 남해에서 붙잡혀 오늘 서울까지 왔다

* 화장_ 배에서 밥 짓는 일을 맡은 사람.

설산 가는 길

바람이 휘감는 황량한 고산길,
구름이 휘감는 거대한 눈덩이,

만년설산 거꾸로 서 있는 호수에 들어앉았다가 구름 따라 일어선다, 가슴 베이며 빙하물에 밀릴수록 설산에서 멀어진다. 빙하물길 따라 흔들리는 풀꽃들.

하얀 솜조각 꽃잎
빙하물에 물든 새파란 꽃잎,
손톱보다 작은 수만 꽃잎들
한 잎 한 잎 다른 빛을 뿜어내고 있다.

계곡에 넓게 퍼진 빙하물을 건넌다, 잠긴 발목에 얼음이 배긴다. 풀꽃 스친 바람이 달려와 핥아준다, 온몸 타고 오르는 찌릿한 기운. 내 발이 뿌리? 풀꽃처럼 피라고요? 보는 이 없어도, 제 빛을? 얼음물에?

* 만년설산_ 알타이 산맥에 있는 뭉흐하이르 항 산으로 해발 4,200미터.

오세영

겨울 산

며칠째 내리는
폭설,
척尺 반이나 눈이 쌓였다.
붉고 노란 봄날의 꽃들, 한여름의 초록,
활활 타오르던 가을 단풍이
어느새 오간 데 없다.

제 새끼들도 잊었나?
버려진 고라니, 멧돼지, 산토끼들도
먹이 찾아 뿔뿔이 자취를 감춰버린 온 산은
멍텅구리 흰 색이다.

그래도 산문 입구를
빗자루로 정갈하게 쓸어 길을 내는
노스님,
하늘 병원 정신과 전문의專門醫인가.

치매癡呆에 걸린 산.

역주행逆走行

중앙선을 넘나들던 오토바이 두 대가
우리 차 정면正面으로 달려들었다
고속, 초고속超高速으로
기사는 괴성과 욕설을 질러댔고
나는 두 손바닥에 얼굴을 파묻었다

괴성도 욕설도 그친 후 얼굴을 드니
구겨진 병원처방전이 축축히 젖어있었다
날숨들숨의 그 순식간에도
문득 부럽다는 생각뿐이었다

나도 한번, 단 한번이라도 거꾸로
역주행逆走行을 해봤으면
어떤 대가代價를 치루더라도
건강했던 시절로 좋았던 젊은 날로
되돌아 거꾸로 달려갈 수 있다면
세월과 세상과 인생에는 왜 역주행이 안 될까?

겸손?

유자효

"외할머니, 겸손이 뭐예요?"
질문이 많은 초등학교 1학년 손자가 길을 가다가 불쑥 묻는다
"겸손이란 자신을 낮추는 거란다"
전철을 타자 웬 승객이 불쑥 묻는다
"너 몇 학년이냐?"
"아니요, 전 아직 유치원생인걸요"
전철을 내려서는 으쓱대면서
"외할머니, 저 겸손했죠?"

李玉熙

바람의 여정

가을이면 생각나는 사람
한사코 다가왔기에 버리고 싶던
가장 아름다운 만남으로 와서
가장 쓸쓸한 작별의 사람아

이 가을
내 뜨락의 햇살은 시들고
엷은 바람결에도 오소소 몸 떨며
불꽃인양 타오르던 푸르름의
내 산천 속절없음 알았나니

모두 어디에 숨어버렸는가
어디로 떠나버렸는가
사랑하고 미워하며 방황하던
그 길목의 햇살이여.

초록 세상

물이 오른 초록이
풍선껌처럼 부풀어 올라
대지를 빨아들인다.
초록에 의해 점령당한 대지는
초록에 압도되어 경계가 무너진다.
초록을 평화라고 주장하는 사람들과
초록을 폭력이라고 주장하는 사람들
사이에서, 야생의 초록은
오늘도 고요히 번지고 스미고 있다.

배꽃, 그 색채를 마시며

따사로움이 그리워 밖을 나섰다
복사꽃 살구꽃 색채가
드러난 가슴살을 데우는 오후 3시
가슴이 시리도록 희디 흰 배꽃을 마주한다

시인은 말한다
세상에서 그리움의 속살 보다 더 흰 것이
청초한 어머니의 속살이란다
시인의 속살이란다

영산홍이 불꽃으로 타는 이유가
배꽃이 너무 희다 못해
실핏줄이 터져 핏물 든 거라고
엄니가 눈으로 말했다

상수上壽를 넘어
세살의 엄니는 영원한 스승이다

강구원

공수거空手去 외 2편

나 떠나기 전에
내 수달피 모자 너 가져가라

나 떠나기 전에
내 캐시미어 목도리 너 줄께

나 떠나기 전에
내 버팔로 가죽 장갑 너 가져가라

나 떠나기 전에
내 물소 가죽 가방 너 줄께

나 떠나기 전에
내 악어 가죽 구두 너 가져가라

쓰던 것 주어서 미안하구나

내 말하지 않더라도 알겠지
다 너를 위해 쓰던 것인 줄 …

겨울바다

눈부셨던 백사장白沙場은
여름을 식히느라
백사지白沙地가 되었나

파도가 굵어지면
송도松濤소리 은은隱隱하고

흐느끼는 송도松濤가
밤 바다 삭풍朔風을 품어 안으니

고희古稀의 눈시울은
숨겨진 낭만浪漫에 뜨겁다

* 백사장(白沙場)_ 강가나 바닷가에 흰 모래가 깔린 곳.
* 백사지(白沙地)_ 식물이 자라지 못하는 메마른 땅.
* 송도(松濤)_ 바람을 받아 물결소리 같이 나는 소나무 소리.
* 은은(隱隱)하다_ 먼데서 들려오는 소리가 아득하여 똑똑하지 않음.
* 삭풍(朔風)_ 겨울철에 북쪽에서 불어오는 찬바람.
* 고희(古稀)_ 일흔을 일컫는 말.
* 낭만(浪漫)_ 실현성이 적고 매우 정서적이며 이상적인 상태.

백발白髮

내가 세월을 끌고 가는가
세월이 나를 끌고 가는가

세월이 나를 업고 가는가
내가 세월을 업고 가는가

끌려가는 세월에
장사가 없고

업혀 가는 세월에
영화 없으니

가는 세월 원망하여 무엇하랴
차라리 무심無心한
성근 백발을 탄嘆하노라

* 성근 백발_ 늙어서 거칠고 하얗게 센 머리털.
* 탄(嘆)_ 한숨 쉬다, 탄식하다.

연필·1 외 2편

정갈하게 깎아서
고사리 같은 손에 쥐어주던
느린 시간들이
제 구실 다하고 까치밥 몇 개 품고 선
빈 공간에 걸렸다
태풍 몰아치듯
전동칼날 휘리릭 지나가면
눈 깜짝할 사이
일괄적으로 수두룩
일말의 빈틈없는 금형 틀을 벗어나
걷잡을 수 없는 시간 속에 선다
쪼개고 쪼갠 생존을 위한 시간들이
줄지어 빽빽하다.

연필·3

가진 것 없이 열정 하나만으로
달려온 길 위에 서서
시어 끌어올리기 위해
심혈을 다해 선과 선 잇대어 본다

무엇 하나 결정하지 못하고
점점 작아져가는 키
한 줌 흙이 될 때까지
점으로라도 남을 수 있을까
부셔지고 부러지는
수많은 고통 감내에도
제대로 남은 것 없어
오늘도 빈손인데
아직 오지 않은 길을 기대하며
꿈꾸듯 아침을 맞는다.

연필·2

지우고 다시 쓰고
지우고 다시 쓴
숱한 시간들은 모두
미래를 향한 연습이었나
여러 감정들 뒤섞여
요점 없이 얼룩져버린 페이지로
정제된 언어는 언제 찾아오는가
점점 사라져서
목숨 부지조차 어려운 오늘,
한층 차분해짐으로
무너진 마음 일으켜 세운다.

고광자

꿀벌 외 2편

오뉴월 빗장을 열어놓고
오라는 데가 너무 많아
꽃 속에 숨어 있는 사나이

밤꽃이 흘겨보고
산수국이 흘겨보고
호박꽃도 흘겨본다.

눈치를 보며 눈치를 보며
예쁜 꽃을 찾는 사나이.

토담집

"저 빛나는 황혼은
우리를 닮았지?"

"우리도 그동안 열심히 살았지 않았는가
자식들이 잘 살아주길 바라면서 말일세!"

"남은 평생 무얼 더 바랄까나
여보게 친구, 아프지 말고 생애 끝까지
우리 건강하게 지내세그려!"

해녀를 닮은 꽃

올레길 수선화
피었다 지고 다시 피는 강한
어머니 닮은 꽃

한라산을 향해
가족의 건강을 비는
할머니 닮은 꽃

비양도 숨비 소리
"호오이 호오이"
해녀를 닮은 꽃.

소나무 예찬禮讚 외 2편

송순松筍으로 술을 빚고
송기松肌(소나무 속껍질)로 떡을 하고

송화松花 가루 침전해 다식茶食을 만드네
솔잎 깔아 빚은 송편 한가위 풍성하네

송지松脂는 약재로 오장五臟이 편안하며
호박琥珀 된 송진 밀화蜜花 소중한 패물佩物이네

솔방울과 송피松皮로 만든 장판
관솔과 마른 솔방울로 불씨를 지피네

문지방에 매단 솔방울 일기日氣 예측하고

잔가지 베어서 울섶으로 사용하고
청솔가지 꺾어서 도자기를 구웠네

뿌리는 캐내어 가구로 사용하고
줄기는 켜서 목재가 되니

버릴 것 없어 자부심이 대단하네

엄동설한에도 초록빛을 지키는
벼슬 받은 소나무 나무 중 으뜸이네

솔잎처럼 살다

잎 두 개가
한 엽초葉鞘 안에서 만나

평생을 해로偕老하네

사이 눈 생명이 탄생하자
한 엽초葉鞘에서 평생을 산 두 잎

한 날 한시
엽초葉鞘와 함께 떨어지네.

인연으로 만난 너와 나

한 가정을 꾸리고
솔잎으로 살다 솔잎처럼 떠나네.

평생을 해로偕老하네.

우크라이나의 슬픔

하늘이 노하고
땅이 울부짖네

격한 거품 토해내네

주신 이도 하나님
거두는 이도 하나님인데

생명의 가치
가볍게 여기고

다투고 다투다
전쟁으로 비화하네

천하보다 귀한
생명들이 죽어가네

천둥과 번개
신호를 무시하며

신념信念의 포로 되어
소견대로 싸우네

하늘이 노하는데
땅이 울부짖는데

고원구

엄마의 일생 외 2편

망망대해 더없이 높은 파고를
어린 몸으로 견디어 오시며
흘리신 눈물의 한
무엇으로 갚으오리까
일제 강점기
외할아버지는 머언 섬나라
징용으로 끌려가시고
그 한 많은 세월 말문이 터억 막히네요
어리디어린 나이에
시집을 와 황무지에 심은 일곱의 나무
꿀잠 한 번 못 주무신 역경의 세월
헛되지 않은 엄마의 피와 땀
헛되지 않게 뛰고 있어도
엄마의 무거운 짐
빨리 받아드리지 못한 못난 불효자식
죄송합니다
이제 모두 내려놓으시고
편히 쉬세요
사랑합니다
엄마

창신로점 한켠에서

사르르 사르르
무뎌진 손끝에서
한 뜸 한 뜸씩 피어오는
따스한 온정의 손길

반듯했던 이마에
깊게 돋아 보이는 주름, 주름
그 길목마다 애환의 사연
오롯하게 꽃피우고

나지막하게 들려오는 음률에
흥을 돋우듯 내어 뱉는
묵음의 소리소리들
적잖은 가슴을 시원하게 뚫어낸다

일어났다 앉았다 하며
쏟아내는 애절한 절규
허리야 다리야 하면서도
한 뜸 한 뜸씩 다듬어가는
양순한 얼굴 그 손길마다
사랑의 꽃이 웃음으로 피어난다

* 영천농협 창신로지점

희수喜壽의 고개에서

코로나로 삭막했던 가슴에
세월이 덧씌운 동심의 빛깔이
시공을 초월한 듯 주도면밀하게
펼쳐놓은 연륙교 밑 푸른 물결

애국의 맑은 영혼의 진주성
그 언저리에 앉아 찢어지듯
가슴에 알알이 박혀오는 함성

촉석루에 피맺힌 멍울은
남강 바위에 부서져 내리는
햇살에 기대어
그날의 울분을 목놓아 토해내고

녹음으로 짙게 물든 시간을 거슬러
한 뜸, 한 뜸으로 밟아온 희수의 길목마다
엷은 바람에 소소하게 실려
시간의 멍에를 빗질하고 있는 듯

고은주

평강 외 2편

격동의 철책선이 희미해지는 도심 한복판
저들은 고개를 치켜들고 삿대질을 한다

화난 것일까?
축대는 기울어져 자빠져 있고 누덕누덕 기운 지붕으로
눈비 겨우 막아 앙다물며 버티는 집들이
가파른 언덕배기 따개비처럼 들러붙어
아직도 떨어지지도 않는 집들을 보며

언제까지 우리는
저 아래 세상의 온갖 지저분한 모습들을
참고 기다리며 지켜봐야만 하는지
지나가는 이들에게 외치며 묻고 있다

포크레인을 앞세워
시리던 가난의 흔적일랑 파내어
저 멀리 던져놓고
불도저의 위용을 들이밀며
부끄러운 치욕의 세월일랑
미련 없이 밀어내고 싶다고

여름이 진다
삐죽삐죽 들어선 망각의 석상을 향하며
가을, 숨죽였던 태풍이 다시 오는가?
하늘을 찢는 천둥소리와 함께 불칼을 휘두르며
달려오시는 하늘의 사자여

오늘 여기
마음 비운 그대에게는
작은 평강 있으라.

간구

이른 새벽
파도에 일렁이는 물비늘처럼
잠자던 욕망이 일어납니다

솟구치는 바다의 포말처럼
허공에 뱉어내는 허연 넋두리

태곳적부터 오늘도
당신의 이름과 형상도
심해의 어둠처럼 가늠할 수도 없어
너와 나, 우리, 그들이 소망 가운데
부르짖는 이름 또한 알 수도 없습니다

어쩌다 내가 아는 당신은
손과 빌이 십자가에 못 빅혀 옴찍달씩 못 하는
작은 액자 속 모자이크 주인공!

하지만 쉰 고개 넘으며 살다 보니
천 개의 눈과 손을 가진 당신이거늘
오늘 내가 이렇게

오묘한 당신의 이름을 부른다 해도
난 당신을 영원히 알 수 없습니다

십자가 불 켜진 예배당 아래
이른 새벽 어김없이 소리 지르며
당신을 불러대는 저마다의 아우성으로
아침의 고요는 공중으로 흩어지고
욕망 거품은 냄비에 죽 끓듯 요란합니다.

말의 비행

말라 부르튼 입술과 갈라진 혓바닥에서
쏟아져 나오는 말들이 광풍에 밀려
선 없는 공중으로 흩어집니다
가을날 무성한 안개처럼

짝짓지 못한 수개미의 비행처럼
매달려 꽃 피울 가지도 없이
머물러 앉을 빈터도 없이
벼랑 끝으로 떨어져 내립니다
비바람 몰아친 여름날 폭포처럼

구신자

가을예감 외 2편

부쩍 아쉬운 햇살에
노을빛 젖어 서걱거리는 갈대
은빛 물결처럼 눈부신 억새밭
넋을 잃고 바라보게 하는
황홀한 가을이다

콧속으로 온몸을 돌아
노란 국화꽃 쌉쌀한 향기는
낯선 곳에서 다가와
오랜 친구처럼 말을 거는
다정한 가을이다

단풍보다 더 고운
붉은 감을 꽃등처럼 매달고
빈집 마당을 홀로 지키는 감나무
입안에 감도는 단맛에도
쓸쓸한 가을이다

초승쯤인가 보다
한결 차가워진 달빛에
시린 별이 가득한 밤하늘
가슴까지 올라오는 냉기조차
싫지 않은 가을이다

겨울비

엊그제 대한 추위에
만물이 얼어붙더니
벌써 포근한 기운 감돌고
봄을 재촉하는 겨울비에
잔설이 녹은 길은 질척거린다.

땅위엔
나뭇가지 연한 푸름 보이고
새 잎 움트려고
나뭇가지는 서둘러 톡톡 불거지고

땅 밑에선
새 싹이 부스럭 기지개를 켜고
겨울잠 자는 벌레의 긴 하품소리에
젖은 낙엽더미 봉긋 솟아오르고

며칠 후면 입춘이란다.
성급히 봄 마중 나온 겨울비는
심술궂은 개구쟁이처럼
하루 종일 나뭇가지를 간질이고
어서 빨리 일어나란다.

고추잠자리에게

꼭꼭 숨어라.
꼭꼭 숨어라.
붉은 고추밭에 숨어라.
비단 망토
노을에 젖어 토라질라.

꼭꼭 숨어라.
꼭꼭 숨어라.
붉은 단풍잎에 숨어라.
고운 옷자락
힘센 술래에게 찢길라.

꼭꼭 숨어라.
꼭꼭 숨어라.
고추밭에 숨어라.
단풍잎에 숨어라.
우리 손자
작은 손에 함부로 잡힐라.

가을인가 봐요 외 2편

사람마다 조금씩은 다르겠지요
사람들은 초록색에서 붉은색으로 옷을 갈아입는
단풍이 가만히 서리는 무구한 순정을 사랑합니다
가을은 멀미하는 붉은 숲의 노을빛 과일입니다
단풍잎을 보며 솟구친 설렘은 오롯한 시름조각입니다
피는 듯 사위는 피멍든 잎이 떨어져 바닥을 뒹굴 때면
더 오랫동안 아름다움이 없음은 꿈을 깁는 슬픔입니다.
숲에 노닐던 순결이 너무 짧은 시간에 떠난 날
가을의 몽긋몽긋 산덩이들은 나의 헤진 가슴 조각입니다.

삶의 그림들

문틈을 새날던 아침
번잡함에 묻어나는 청색바람
하늘을 후벼낸 내음에
멀미하는 그늘 모서리다

덧쌓이던 회한의 아득한 소리
차양에 드리운 열정의 목쉰 그리움
길바닥에 돋아난 날선 바람에
깃을 잃어 날지 못한 순하던 여정

햇살로 지핀 희망 한 조각
연못가에 회오리친 버들가지에
덤불 속 꿈을 꿰는 훗날의 기약
봉긋이 돋아나는 삶의 그림들

나의 끊임없는 흔적

이른 새벽 까만 능선이 일어나
나의 허기진 발걸음을 당긴다
사력을 다해 이끄는 곡선의 떼들
마디마다 깊은 슬픔과 내통한다
저마다 하나씩 꿈을 이루기 위해
거친 돌길 모서리에 채이고
급경사의 소태 같은 적막들도
대청봉에 글썽이는 칼바람이다
그 바람을 휘저으며 나와 함께한 모자도
아득한 벼랑으로 추락했다
저 멀리 중청대피소 지붕으로
빠알간 능금처럼 발하는 고독이
나를 이동시킨다
서둘러 계곡을 타고 오른 숨 가쁜
추위의 그림자가 온 능선에 지독히다
나마저도
초원을 이탈해 길 잃은 꽃사슴처럼
뒤를 돌아보는 흔적이 님을 기다리는
설악이다.

김가론

마음 감기 외 2편

화선지에 퍼지는 붓의 사력이
나에게 왔다
속살
파고드는 빛
집안을 자연으로 바꿔버리는 기이한 현상
검사를 해도 이상은 없다
낮은 밤이 되어 침대와 몸을 나누고
계속 울어대는 벨 소리 환청
시간의 탑을 세우고 허물기를 반복
그림자와 나란히 눕는다
다급한 새벽 공기
도시의 생명을 구하러 달리는 마찰음
마음을 다 먹어버린 여름 자화상
세상에서 그만하고 싶을 때
불행한 일이 좋은 사람한테 생길 수
있다는 세포의 반란
혼자 걷는 빈 길

달빛, 그리움 지우고 싶다

어릴 적 내 살던 시장터엔
없는 게 없을 정도로 신기했다

가로등에 비춰진 나의 유년은
일상의 뒤축이 닳아 문드러져
비린내만 풍기는 적막의 시장이었다

꼬부라진 허리가 땅에 닿을 듯
생선 할머니의 비릿한 생의 바퀴
퉁퉁 불은 토마토에 뿌려진 마법의 가루
허리띠 졸라맨 옥이 엄마의 시래기는
까만 눈동자의 허기를 달래는
낡은 밥상의 순수한 노래였다

해 질 녘 노을을 삼킬 때면
그곳에도 내 것이 생겼다
생선가게 밑 축축한 곳을 더듬는 작은 몸짓
손 안 그득 화수분
방안에 들어와 주저리 늘어놓는다

달빛 가로등 신음소리에

거침없이 내 뱉는 육두문자의 힘
모든 것이 기울어지기만 했던 시간

그 달빛의 울음을 삼키고 지우고 싶다

이웃 여자

꽃 그림 얹어놓은 듯 풍만한 가슴에 쏠리는 향기
착한 의심을 하며 곰살맞게 살아간다

어눌한 몸놀림에 가느다란 손끝의 투명함
여미어 가는 시간을 반듯하게 세우는 시선
채울 수 없는 갈증으로 허덕이는 여름
그녀의 발등은 선홍색이다

헤집어 놓은 바람에게 말하듯이
몸속을 뚫고 들어가 읽어내고 싶은 간절함이
턱 밑까지 차오르는 숨소리를 흥분시킨다

전부가 하나이기에

김계영

서쪽 언덕 위로 가는 길 외 2편

허공을 품은 유월 한낮의 바람이 지나갑니다

저기
고귀한 사랑이 초록으로 핀 너른 들판
풀무질하듯이 마음이 끌려
더 깊이깊이 무한의 공간으로 걸어갑니다

진정으로 흘렸던 피눈물은 가까운 바다를 출렁이게 하였는지
소리 없는 함성들
영혼의 무게를 얼마나 바쳐주었는지
지열로 타오르는 순교의 뜨거움 선명합니다

애절하게 휩쓸려간 몇 생의 은밀한 내통이 흐르고 흘러
무지개 돋는
미래의 푸른 길을 펼쳤습니다

서쪽 언덕 위로 부는 바람의 숨결이 자꾸만 마음을 울립니다

안개와 여백의 강

다섯 시부터 여섯 시까지의 새벽 강은 사유의 강이 아니었다
어떤 서시는 안개를 실어 나르는 새벽 강에서 시작되었다 안개는
산을 오르고 마을을 지나 나무들을 흔들다가 잔물잔물 기억을
간질이는 물결이 되기도 하다가 바람의 숨결로 여기에 모이곤
하였다

안개 속에서는 이쪽과 저쪽의 끝을 모른다
수평으로 귀를 기울이는 안개의 틈새에서 아직 경계가 드러나지
않는 풍경 속겹쳐지거나 환해지는 미물도 없는데
오해하고 이해하고 다시 오해한 것들 안개의 강에서는 농밀한
수런거림도 매복될 때가 있다 마음의 행로가 어지러울 때는
멈춰야 할 때가 있듯이

우연의 순간
그것들의 서사를 미처 엿보지 않은 체 부유 너머의 빛 속으로
사라지는 무엇
사랑의 잔해마저 여백으로 사라지고 마는

우리들의 큰 물길

아무 말 없이 바라보면
이따금 한강이 말을 하고 있어

어디선가 풍화작용을 거친 바람이 불어오고
그 사이로 햇빛이 번져가는 오후
겹겹이 깊어가는 물의 빛깔이 날것으로 출렁인다

한강에는 그림 같은 풍경이 있고
어떤 풍경에는 눈물이 모여서 반짝이기도 하는데
허기의 간주곡을 지난 날것의 물결효과인가

아무 말 없이 바라보면
이따금 한강이 말을 하고 있어

기억처럼
보고만 있어도 풍요의 물

때로 느슨한 물길 위로 기다림이 머물기도 하고
때로 바람에는 노래가 묻어나기도 하고

김근성

참나무 외 2편

삽살개 봉 중턱
화강암 틈새
삼십만 근 무게
두 쪽으로 가르고
싹 틔운 도토리 한 톨

실팍한 밑동
펑퍼짐한 엉덩이
설한풍우 이겨내고
두 팔 벌려 만세 형상
우뚝 섬이 가상하다

산 빛 고울수록
내지를 품어 앉은 사내
신기하다
기적이다
초록빛 찬연한 자연의 힘

람사르 습지의 밤

세모歲暮,
람사르 습지 밤 나들이

코로나19 설치는데
서른 해 웃도는 고우회 우정
두 눈가 홍조
얼큰한 취기로
발목 잠기는 눈발 헤치고 걷는다

내리는 눈 소담스럽고
휴정休靜 스님 싯귀 아른 거리네
"답설야중거踏雪野中去"
고결한 이 사유
삐뚤빼뚤 광인 보행이면 선인께 민망하지

어깨에 쌓이는 눈
푹푹 빠지는 순백의 쾌감
둘레길 돌아
묵직한 목책 문 들어서는
람사르 습지의 밤

평생원

사람은
가만히 있으면
기氣가 막혀
죽을 수도 있지

암癌보다
무섭다는 치매痴呆 얼씬 못하도록
엉치 뼈 뻐근한 의자에 앉아
분열되는 기억 세포 묶어 두는 시간

하루에
두어 시간
무릎쓰고
평생원 뒤켠에서 경청한다

김기성

나를 갖고 싶으면 가지세요 외 2편

매월 중간 목요일은
당신을 위하여 내가 서빠지는 날입니다
나를 갖고 싶다면 가지세요
봉사료는 청구서가 없는 무료랍니다

그 하나 쓸쓸함과 고적함을 달래주기 위하여
그대가 좋아하는 책을 읽어주고
雲石의 은쟁반에 옥구슬 구르듯 천상의 목소리로
시 낭송도 해주고 불면증은 잠들게 해줍니다

둘에는 아름답고 행복한 인생을 설계해 주기
남편 관리 요령과 강 건너 있는 자식
가정으로 돌아오게 하기

시와 판타지 동화 소설 사랑의 편지 쓰기

단 정열적인 키스는 원하지 마세요

나는 아름다운 시인 도우미입니다
오늘은 목요일 내가 서빠지는 날입니다
무엇을 도와드릴까요
전번은 '고독 그 여정의 끝'이 무엇인가를

심상心象

내장산 대웅전에서
앳되게 들려오는 꼬마 동자
서툰 염불 소리에
청솔모와 다람쥐 쑥 토끼 산새들 우르르 몰려오더니
홍 단풍나무 그늘에서 졸고 있었다

뒷산 국사봉 골짜기에는
멧돼지와 고라니 토끼와 다람쥐 천국이고
가을이 오면 꽃나무 골 우리 노랑 고구마 밭에
호시탐탐 눈독을 떼지 않아
언제나 불안했다

11월을 지향하는 비는 부슬부슬 내리고
내장산 서래봉 오방색으로 곱게도 치장을 마쳤는데
시향을 찾아 주유천하 하고픈 마음은 굴뚝 같은데
시방 내 마음은 콩밭에 가서 서성이고 있었다

학의 노래

오늘 나의 사랑하는 벗님들이 온다고 하네
고향 황금 들녘 논배미 유유자적하는 학 되어
고귀하게 살고 지자던 깨 북장구들이 코로나 이겨내자
높새바람 타고 팔랑팔랑 둥지로 날아온다고 하네

늘그막에
빛바랜 바지 때 꾸정 저린 적삼을 걸치고
논배미 피사리하든 고추 따든 콩밭 고라니 쫓든
읍내 정거장으로 임 마중 달려가야지

우리 집은
선사先師들이 퍽 즐긴다는 도화주 댓 항아리가 있다 하네
묵고 묵어 10년 해 넘긴 향기가 언제부터
시도 때도 없이 천상에 닿자
피향정 신선들이 낮이고 밤이고 운석을 찔벅거리네

우리 집은
여인들이 까무러치는 복분자주도 10년을 익어간다
나의 사랑하는 벗들이여
이따 이따 달항아리 차오르거든
신선을 데불고 밤을 지펴가며 나의 꿈 저 푸른 광야
학과 봉황의 노래를 맘껏 부르자

김낙완

건망증 외 2편

급한 일이 있어 주차장으로 달려가는데
아뿔싸 자동차 키를 놓고 왔다.
시내버스 타려고 정류장에 와서 보니
이번에는 지갑을 놓고 왔다.
이런 일이 조금씩 늘고 있다.

시내버스의 매력 중의 하나가 환승
잊어서 안 될 일은 내리면서
하차단말기에 교통카드를 태그하는 것
잊지 않으려고 미리 카드를 꺼내
손에 꼭 쥐고 있다.

환승 지점에 이르러 내릴 차비를 하는데
손 안에 있는 카드가 보인다.
내가 왜 카드를 손에 쥐고 있지 하며
카드를 지갑에 넣고 내린다.
버스가 떠나자마자 허허

어버이날 단상

우리 아파트 중앙 공원에
멋지고 우람한 느티나무가 서있다.
많은 이들이 휴식을 취하고
온갖 새들이 깃든 보금자리

너른 그늘이 아버지 품 같아
자리 잡고 푸른 하늘을 올려본다.
어머니 손길 같은 봄바람이 스치고
요란한 새들의 지저귐은
식구 많은 어릴 적 우리 집 풍경

가난한 농부의 아들로 태어나
가느다란 뿌리를 땅 속 깊이 내리며
바위조차 뚫는 기개와 인고로
자식들 인생길에 비단을 펼쳐주신 아버지

안을 수 없는 큰 기둥을 안아보는
늙은 자식의 빈 가슴에
그리움이 강물처럼 고요히 흐른다.

시월의 마지막 밤

시월의 마지막 밤에
집사람에게 데이트를 신청한다.

늘 엷은 미소로만 대답하던 사람이
선뜻 액자 속에서 걸어 나온다.

연인들 쌍쌍이 길거리에 가득하고
네온 싸인 휘황한 미원탑 네거리
홍지서림 사거리를 지나고
조약국을 지나고
풍남초등학교를 지나
인봉리 뒷산에 오른다.

나란히 앉아 바라보는
야경은 여전히 아름답다.

아내의 긴 머리카락이
시월의 마지막 밤에
내 어깨에 살며시 내려앉는다.

김다솔

숫자 외 2편

스토커 마냥
무작정 하염없는 톡을 보냅니다
그냥 그대로 잘 있는 건가요
그래도 1이라는 붉은 숫자가 사라지면
안도의 숨을 쉽니다

이념의 벽을 뚫지 못한
엇갈린 정의로
무거워진 마음의 무게는 더욱
깊숙이 젖어 있는 듯 합니다
오늘은 유난히
서러움으로 눈이 시리답니다

무작정 기다려야 하는
기다림 속에는
오고 갈 수조차 없는
시간의 벽이 우뚝 솟아 있고
설명할 수조차 없는
나약함으로 이미
존재의 가치는 잃었습니다

갈 수도 올 수도 없는 시간의 벽

아직 그대로 인지
아니면 지금쯤 먼 하늘
은하의 별빛 속을 떠돌고 있는 건지
알 수 없는 적막의 흔들림으로
낡은 핸드폰 하나 만지작거리며
수신 확인을 기다립니다.

사라진 것에 대하여

벼르고 벼르다가 찾아가는 고향
아무도 살지 않는 고향도 그리움인가 보다

초겨울 햇살이 숨을 헐떡이며 따라오는 산허리를 돌아
삶의 흔적이 덕지덕지 묻어있는 처마 끝에 닿으면
햇볕을 붙잡고 매달려있는 곶감 몇 줄
그것 하나 마음대로 따먹을 수 없어 설날만 손꼽았지

물소리를 통해
자신의 모습을 들추어내는 이정표 같은 작은 계곡이며
바람 소리를 통해 길을 알려주는 숲을 지나면
고개 넘어 저만치 우리 집이 있었지

여기 즈음인가 저기, 즈음인가
내비게이션에서 연이어 목적지에 도착했다는데
아무리 둘러봐도 보이는 것은 아파트와 빌딩 숲뿐이다
빠른 속도로 지나가는 차량들
가로수 사이로 떨어진 낙엽만 뒹굴어 다니고
고향의 향기와 따뜻한 온기마저 찾을 수가 없다
가슴 뛰던 희열도 고향이란 언어 속에서 쑥쑥 자라나던
향수도 깡그리 사라져 버렸다

하기야 저 들을 지금까지 붙들고 있을 필요가 없지
저들의 변화로
흘러온 시간의 아픔들이 모여 더 나은 세상이 만들어진 거야
그리움이란
그냥 가슴에 품고 가는 거야

해 그름 방죽 길 사이로 커다란 소쿠리를 이고
한걸음으로 달려오는 어머니의 하얀 치마폭이 바람에 날리면
아 - 우리는 긴 기다림의 허기를 채우며
어둠이 내릴 때마다 마음 조이던 무서움조차 깡그리 잊어버렸지

어느새 하늘엔 별이 총총하다
순간을 참아내면 우리의 작은 영혼에 커다란 용기가 머문다는
어머니의 말씀이 그날따라 먼 길을 동행해 주었다
집으로 돌아와 어머니와 나는 깊은 유년의 밤을 새웠다

가을 끝자락

하얀 구름이 산을 넘고
새들이 덤불 속으로 숨어들고 있다

하얗게 피어있던 수국화도
누렇게 퇴색되어 고개를 떨어뜨린 채
휘어진 허리는 바닥에 닿았다.

떠나야 하는 것을 알고 있는 듯
길 서두르고 있나보다

저와 같이
나 또한 흘러가는 것 같아서
서둘러 돌아와
옷장도 책장도 정리를 했다

유년의 허기를 박음질했던
브라더미싱,
어머니는 매일매일
기름을 발라가며 윤기 있게 닦곤 하셨지
구석진 곳에 외로이 처박혀
저도 나처럼 그때가 그리울 게야

무엇하나 다 필요한 것 같아서
한사코 외면하지 못하고
번뇌만 쌓아둔 채로 손을 털었다

비워 낸다는 것 또한
아무에게나
주어지는 것이 아닌가 보다

김대용

오십천 가을 외 2편

운무 감긴 나비 산은
구름 타고 무릉을 돌고
미인송 비춰보니

오십천이 물길이라
젖줄 따라 고요함은
황금알 내리 솟고

달아난 그 자리는
애미의 고향이라
회귀하여 찾아오니

석화처럼 굳은 몸은
세월을 보낸 흔적으로
또 다른 인연을 이어 간다

풍경소리

탯줄을 끊고 태어난 그곳
그림자 앞세워 삽작문을 연다

실크를 드리운 천상의 그곳
이슬 굴리는 소리에 아침이 온다

영혼이 맑아 우는 두견
왜 그리도 슬픈 노래일까
육신을 휘감고 도는 바람 소리

처마 밑 풍경은 장단을 맞추고
사람들은 소름 끼친 얼굴로
긴 한숨을 때린다

천싱의 길을 찾아 떠난 인생
오늘도 흥얼거리며
그 길을 찾아 헤매인다

율화

유월이 오면
송충이 푸른등 가시 돋고
비릿한 남정내 속 깊은 내음
과수댁 밤 지새운
봉창 문 너무 밝은 달 먼 산
부엉이 울 때 올라탄

구름 속 별빛 하나
유월이 가면 송이채
매달려 가시 돋고

토해낸 몽돌로
객들 모아두고 비린내 간곳없이
토실토실한

유월의 밤을
그리워한다

올 가을엔 외 2편

꽃서리에 가슴 아리고
비바람에 깊은 상처 남았으니
이젠, 찬란한 햇빛을 주소서

꽃 바람의 위로에
활짝 열린 가슴속으로
그 빛 온전히 스며들게 하소서

알차게 영글어 가는 소박한 꿈으로
하늘 향해
두 손 모으게 하소서

가까이 있는 사람들끼리
서로, 사랑인 줄 모르고
사랑하게 하소서

신의 이름

가슴 깊은 곳에 자리잡고 있지만
언제든지 꺼내어 부를 수 있고
조용히 부르다 미소 지으면서도
짠~한 이름

아파도 참았고
괴로워도 참았고
서러워도 참았고
뼈가 으스러져도 삭히며 살아온 세월을
감히 헤아릴 수 없으니

책상 서랍 열어놓고 멍하니 앉아
기억이 돌아오기를 기다리는 나이가 되어서도
부르면 가슴 찡하고 먹먹해지는 이름

어머니~!
내 숨 멎을 때까지
가슴 뜨겁게 살아있을
신의 이름이다

배롱꽃 피는 세상

연못 가에
배롱꽃이 피기 시작했습니다

한 씨방에
일곱 개의 별꽃이 반짝이고

별꽃이 모여
별 송이가 되었습니다

송이 송이가 모여
주홍빛 터널이 되었으니

물 위에 꿈과 희망이 피고, 하늘이 떠 있고
물고기가 날고, 구름이 흐르고

하늘과 땅 사이
더불어 사는 세상이 아름답습니다

김도희

데칼코마니 외 2편

독립한 딸에게 초대를 받았다
한 칸짜리 아파트로 이사한 지 한 달
방안은 온통 무지개가 떴다

토마토, 가지, 호박을 동그랗게 오븐에 굽고
양파, 마늘, 버터로 소스를 만들어
식탁에 차려낸 라따뚜이*

오늘은 앉아 대접만 받으란다

음식을 두고 마주앉은 딸과 나
한쪽은 조금 꽃잎을 접고
한쪽은 봉우리를 열기 시작한

서로의 얼굴을 바라보며 웃는데
햇빛이 접었다 펼쳐놓은 저녁
이마에 똑같은 노을 무늬가
쌍으로 새겨진다

* 라따뚜이_ 프랑스 프로방스 지역의 대표 요리로 호박, 가지, 토마토 피망 등에 허브와 올리브오일을 넣고 끓여 만드는 채소 스튜.

공통분모

새를 찾아다니는 여자는 새 시를 쓰고
꽃만 보는 여자는 꽃 그림을 그리고
나비를 쫓는 여자는 나비 소설을 쓴다

세 여자의 공통된 취미는
어디를 가든 앙증맞은 꽃만 보면
몰래 뜯어 책갈피에 담는 것

기다리던 첫눈이 오면
꽃 엽서 만들어 부치고
셋의 대화에 꽃물이 든다

압화를 앞에 두고서
한 사람은 새 시집을
한 사람은 꽃 그림책을
또 한사람은 나비 소설을
떠올릴 것이다

책 제목은 동일하다
꽃 도둑

아버지가 가렵다

복숭아밭 지날 때
달짝지근한 향내가 발목을 잡았다

분홍빛 노을 익어갈 때
바람에 복숭아 떨어지듯
아버지 쓰러지셨다

목욕탕 타일 바닥에
낙과한 복숭아
터지고 뭉개졌다

아버지 좋아하던 복숭아
만지기만 해도 얼굴이
울퉁불퉁 부풀어 올랐다

껍질을 벗겨내도
가려움은 벗겨지지 않았다

원래 좋은 것들에게는 벌레가
꼬인단다
늘 마음 단단히 먹고 살아라,

속살 깊이 근질거렸다

나무 끝에 매달린 복숭아처럼
장마가 두려운 여름이었다

김두녀

그늘 외 2편

쉬어가는 그늘 집인가
출근하는 길에 잠시 들러
꽃게장에 밥 한 그릇 뚝딱 해치우고
떠나는 아들을 현관문에서 배웅하고
재빨리 몸을 틀어 앞 베란다로 나가
방충망까지 열어 제친다
차 앞으로 다가가는 뒷모습을 지켜보며

"아들 잘 가"

손 흔들어도 차 문은 열리지 않고
쌩하니 달아나는 뒤꽁무니만 멍하니 바라본다

이미 장정이 된 아들
그 엉성한 그늘 속 숨어들어
주문을 외운다
큰 느티나무가 되어야 한다며
봄꽃 같은 미소로 주파수를 던진다

연잎 위 물방울

세상은 이래서 늘 아픈가보다

하늘이 주는 물 한 방울도
섞이지 않으려 스며들지 않으려
서로 거부하고 있는
저 단단한 잎맥과 물방울을 보라

떠다니는 새털구름도 마다하며
기어이 쏟아버리고 마는
저 파란 하늘도

한 울타리 안에서 수십 년을
뜨거운 삶을 살아낸 나다움 너다움은
생살을 뚫고 나와서도 가시가 되어
서로에게 박힌다

연잎에 가만히 귀를 대보면 안다
앓는 소리 들린다

봄비

창가 촛불은 축복처럼
몸 흔들어 낮추고

유리창에 부딪히는 굵은 빗방울
긴 꼬리 흔들며 달려드는 건

사랑의 불씨를 안고 있기 때문

양파를 까며 외 2편

붉은 껍질 속에
숨겨진 양파를 깐다.
겹겹이 둘러 싸인 하얀 속살
한 꺼풀 한 꺼풀 벗길 때마다
매운 냄새가 코 끝을 찌르며
눈물꽃 피게 한다.
벗겨지는 내 삶의 조각들
아, 우리네 삶이란 눈물 속에 피어나는
뜨거운 사랑인 것을

시계가 머물다간 자리

벽에서
시계를 떼어 놓았는데도
사뭇 그 자리로 눈길이 간다

시계가
풀어 놓았던 째깍째깍 이던 위치만
여기 어디쯤 이라는 듯

시간은 그 울음만 남기고
튀어나온 못은
쇠말뚝처럼 덩그만이 남아있다

벽은 한 동안
환청을 앓는다

벽에서
시계를 떼어 놓았는데도
시선은 자꾸만 그 자리로 간다

햇살과 바람과 산당화

파릇한 나뭇가지들이 바람이 흔들리며 햇살을 쏟아냅니다. 가파른 비탈길 언덕을 돌아 그 집에 다달았습니다. 그 집은 빙 둘러 담장이 쳐져 있고 철문이 굳게 닫혀진 채 '경비구역'이란 팻말을 달고 있었습니다. 집 둘레엔 산당화, 조팝나무, 싸리꽃, 복숭아꽃, 종지기꽃 갖가지 꽃들이 흐드러지게 피어 있었습니다. 그리고 망원렌즈를 낀 카메라를 든 한 사내가 연신 셔터를 눌러 봄을 찍고 있었습니다. 으스스한 기분이 들어 내려오는데 산당화 가지마다 달려있는 봄이 붉은 웃음을 토해내며 더 없이 사랑스럽게 웃고 있었습니다. 나도 덩달아 웃었습니다. 햇살과 바람과 산당화가 수다를 떨며 놀다가라고 하네요.

나도 누군가의 봄이 되고 싶습니다.

김무영

섬 외 2편

노를 안고 존 채 운해로 덮인 항로를 오르내리고 있다
화살을 맞은 갈매기가 피를 토하며 먹이를 구하는
바다 위 바다를 걷는다
생명을 구해준 바다 가운데 망부석이 된 여를
감싼 미역이 노래미를 진정시키고
밀려드는 파도가 만든 천연 자갈 방파제 위로 내린 천사
큰 바위까지 동강 내고 만 태풍의 흔적을 따라 돋은 생명
매일 파도를 먹고 바다에 드는
젖 선 고스란히 드러낸 설익은 해녀

살다 보면

살아 보고 사는 사람은 없다
세상은 미리 손 내밀지 않는다
정해져서 리허설하고
공연하는 것이 아니라
즉석에서 바람 부는 대로 쓰러졌다가
어느 골짝으로 가서
늘 시작이거늘

모난 것은
둥글어져서 더는 무디지 않을 때까지
가르치고 있는 거다

바람

아가의 얼굴에 솟은 땀이
얼어 불꽃이 일 때

세월이 온통 폐기물일 때
소주잔을 쥔다

내모는 잔상이 잔을 쓰러뜨리면
소주를 안고
만 미터 회오리까지 감아올리는

잡힐 듯
보이지 않는 무엇인가

허공으로 돌아
난장판 태우는 불사조

봄을 위하여 외 2편

– 가지치기

겨울나기로 침묵하는
뿌리 밑 수액을 끌어올리는
분주한 봄바람

외줄 사랑에 빠져
한 나무만 감아 올라간
넝쿨과 잡풀을 걷어낸 햇살 가위가
태양의 심장을 따라 돌며 가지치기를 합니다

잘라낸 만큼
욕심의 키를 줄인 만큼
하늘은 넓어지고
꽃 피울 땅은 가까워지고.

섬

정확한 수위를 재며
늘 바닷물을 밀어내는
외로움의 평균율

한 개의 알약으로 해체되는 아픔으로
차라리 머리가 아프면 좋겠다
차라리 온몸이 아프면 좋겠다

종일토록 젖은 날개 말리는 햇빛
휘적휘적 커 오르는 물풀들의 신경

안으로 안으로만
외롭게 조여 오는
한 덩어리의 목숨.

영원의 문, 고흐의 구두

"그림은 이미 자연 안에 있어 꺼내주기만 하면 돼"

작은 문과 창문이 쉼 없이 삐걱거린다
속눈썹 내린 삶의 주름살 탁자 모서리 아래 구두 한 켤레
종일 바람의 아우성으로 흔들리던 넓은 밀밭이
터질 듯 노랗게 들어와 눕는다

닳고 닳아 발가락이 삐져나오던 구두의 안쪽
들판의 부르튼 목소리와 익은 알곡들이 달려 나오고
낡아져 풀리고 풀린 구두끈 끄트머리
뜨거운 고독 대롱대롱 매달려 쉼 없이 붓끝을 흔든다

머리칼 휘날리던 거친 바람
쭉 뻗은 밭고랑 사이 걷고 또 걸어
캔버스 위에 한 겹씩 쌓아 올리는 햇빛과 바람의 색채들
시간의 소금 구석까지 찾아가는 가슴 벅찬 눈물의 흔적

그 화려한 흔들림, 영원의 문.

김석림

심장의 무게 외 2편

태양의 중력에 묶인 지구처럼
속절없이 시간에 붙들린 삶의 궤적
잠시 일상의 발걸음 멈춘 자리로
주님 나를 찾으시고
태중에서 지어주신 이름 석 자
생전의 어머니 목소리인 듯
나를 부르시는 주님 음성 듣습니다
-너는 나를 따르라
나 자신을 부인하는 일
교만한 자아를 선뜻 내려놓는 일이
왜 이다지도 서툴고 힘든지
내 영혼 깨우는 그 말씀 앞에
엎드려 무릎 꿇고
그저 먹먹한 가슴 두드릴 뿐입니다

내게 남은 날수를 헤아려본다는 게
얼마나 허망한 일인지
아낌없이 쏟아주신 주님 십자가 보혈
부모님께 받은 평생의 은혜
양들에게서 받은 소중한 보살핌
내 일기장엔 사랑의 빚만 가득 쌓여 있고

만분의 일이라도 갚으면서 살아야 할
종심從心을 바라보는 나이
머리, 가슴, 창자까지도
하나씩 비워내고
그래서 내 심장의 무게
목숨의 무게가
새의 깃털만큼 가벼워진다 해도
십자가의 길 온전히 따를 수 없거늘
기도로, 눈물로 쏟아내도
여전히 남는 육신의 찌꺼기들
주님, 이 곤고한 종을 돌아보소서
(마태복음16:21-24)

다시 처음의 자리로

헤르몬 산줄기 미끄러져 내려온
만년설에 결빙된 어둠
굳은살 박인 심장으로 녹이며
갈릴리호수에 그물 내리는 시몬 베드로
평생 쌓아놓은 경험, 지식
그 어떤 것으로도 채워지지 않는 그물
빈손으로 맞는 허망한 아침 햇살
제자로서, 어부로서
실패와 낙심이 어창漁艙 가득 넘쳐나고
호수 바닥으로 침몰하는 절망의 무게
그때, 처음 부르셨던 그 자리로
제자들을 다시 찾으시는 주님의 음성
-그물을 배 오른편에 던져라
아, 백 쉰세 마리
그물망 가득 소망으로 채우시는
주님 권능의 말씀이여

호숫가 모래사장에 조찬 마련하시고
숯불 위에 생선과 떡
그리고 넉넉한 사랑 한 조각 구우시는 주님

허기진 몸과 마음, 영혼까지
넘치도록 채워주시는 생명의 양식
-요한의 아들 시몬아 네가 나를 사랑하느냐
부끄러움으로 무릎 꿇는 베드로
-내가 주님을 사랑하는 줄 주께서 아시나이다
젖은 가슴으로 쏟아내는 사랑의 고백
-내 양을 먹이라
다시 처음의 자리로 부르시고
사명을 안겨주시는 주님
오늘, 내게 물으시는 그 말씀 앞에
무너지는 초라한 믿음
-그래도, 그래도 주님을 사랑합니다
야윈 무릎 일으켜 세우시고
다시 십자가의 자리로 이끄시는 주님이시여
(요한복음 21:1-6)

어둠 후에

무릎을 의지하여 조석으로 오르내린
〈성 계단 성당〉
회의와 절망의 그림자가
두꺼운 먼지로 성전 안을 뒤덮고
대들보의 무게로 심장을 짓누른다
질식해버린 혈관을 뚫고
빛으로 임하신 진리의 말씀
-오직 의인은 믿음으로 말미암아 살리라
혼돈의 잠에서 깨어난 루터
두 손에 횃불 들려주신다
-오직 믿음, 오직 은혜, 오직 성경,
-그리고 오직 예수, 오직 하나님께 영광
선지자의 외침이 하늘과 땅을 울리고
종교개혁의 불길로 타오른다
제네바대학 교내에 우뚝 솟은
종교개혁기념비
그 날 시내산의 모세처럼
돌비에 불꽃으로 새겨주신 말씀
-어둠 후에 빛은 오리라
(로마서1;16-17)

다이어트 외 2편

누명 쓴 탄수화물의
억울한 옥살이가
단백질 판사의 재심으로
치팅데이 특사로 풀려난다
출렁이는 배를 타고 가는
지방 쪽 탄수화물 고향은
갈 때는 몇 달 걸리는데
돌아올 때는 하루 만이네

배달의 민족

당신은 세상에 빛을 처음 본
순간부터 라이더였던가
잉태한 음식을 배달하기 위해
끼니도 잊은 사명으로 누빈다
뜨거운 가슴은 가로질러
눈길에 미끄러져 식어가고
나태 지옥이 점점 찾아와
출근하면 달력에 그리던
빨간색 동그라미 몇 개 없네
누군가의 가장이고
아들이었던 라이더였던가
한 가정을 지키기 위해
똥콜 거르고 신호 재끼며
힘껏 당겨야 했던 악셀
제사상 배달 팁은 얼마주시나
요단강 건너 옥황상제의 손짓에
놀라 눈떠보니 병원이로다

서랍 속 장인

암탉이 울면 집안이 망한다니
암탉을 웃게만 할 수 있겠나
여자와 북어는
삼일에 한 번씩 두들겨야 된다니
경락 마사지를 배워올 수 있겠나
평생 내 딸을 사랑하겠다니
그럼 허락하겠네
딸의 방은 꽃내음 핑크빛 안방이고
자네의 방은 수돗물 흐르는 주방이라네
우리 딸이 껴야 하는 건 방귀고
자네가 뀌어야 하는 건 고무장갑이라네

김수노기

소문 외 2편

소문은 풍선이지
입김이 셀수록 몸집이 커지고
팽팽할수록 떠돌기 쉬워

선한 말은 입 끝에 머물고
별난 말은 가둘 새 없이 바람을 타지
머물 곳을 가늠할 수 없는 입방아.

목침木枕

밋밋한 나무토막에 불과한 나를
깎고 다듬어 애지중지 아껴주던
그 어른 떠난 여러 해 동안
켜켜이 내린 먼지에 덮여
뒷방 신세 지고 있다

쓸모도 볼품도 알아주는 이도 없는 천덕꾸러기
그래도, 여직 쫓겨나지 않음은
간간이 애련한 눈길을 주는
한 여인의 미련 때문이리라

이팝꽃

바람이 분다
거리거리 흩날리는 누런 꽃잎
밟으며, 오월을 간다

거울을 본다
부스스한 잿빛 머리카락이
늙은 여자의 어깨로 올올이 눕는다

쇠락한 꽃잎의 마른 울음과
머리칼의 긴 고뇌
허탈한 하루가 저문다.

김영미

푸른 고립을 말하다 외 2편

햇살이 고샅길 한 켠 텃밭을 들러
뜸을 들이는 오후다
어머니가 당신의 유일한 병장기 호미질을
서쪽 끝까지 몰아가는 중이다
당신의 푸념을 알뜰하게 뽑아간
육쪽마늘의 마늘쫑을 떠나보낸 후라서 그럴까
어머니의 푸념은 늘 건전지가 닳은
트랜지스터의 치직거림과 같다
당신의 운명을 몇십 년 대물림한
흑백 라디오 속에 위탁한 삶
이럴 때 나는 생각한다
어머니의 푸념이 고랑을 잘못 택한 탓일까
트렌지스터의 주파수가 잘못 뛰어든 때문일까
세월은 남루한 마을 텃밭에 이르러
난감할 때기 많다
몇 번의 경적을 울려야 주수를 열어주는
그리움의 주파수를
더디게 통과해야 될때가 많으며, 왜일까
하루 치의 황혼이 무거운지
지상의 어머니 하나가 낮은 푸념을 펴고서
옥수수밭을 뜨끈, 빠져나오고 있었다

입춘

이제 겨울은 기소중지 되었다
베란다 밖 소문들은
자코메티의 조형처럼 길어지기 시작했고
누군가 실려 온 이삿짐엔 별거라는 딱지가 붙어있었다.
선인장 속 사막이 꽃이 되려면
두 마리의 낙타가 필요할지도 몰라
바코드를 찍을 때마다 나의 신분이 미행당하는 듯한
그 짧은 느낌들은 햇살들의 과소비일까
아니면 나만의 조급증일까
어쩌면 봄은 기소되지 못할지도 몰라
한때 나는 먼 시간 저쪽의 소문들을 찾기 위해
팔만대장경을 찾아본 적 있었다
바다를 넘었고 작은 섬에 이르러
지문이 아니고는 읽어낼 수 없는 화석의 시간을 짐작하곤 했다
미래로 돌아가는 일은 시간의 풍랑을 만나는 일이지만
과거로 돌아가는 일은 내 안의 권태를 버린다는 것
봄날은 더디 갈 것이다
마루 속 10년 전의 표정도 영정이라는 계절 속에서
가을을 더디 찾아낼 것이다
발을 헛디딜 때마다 제자리를 찾는 과거의 사연들
조용히 고개를 돌려
시월의 행방을 햇살 너머로 넘겨본다

* 작은 섬_ 강화도 선원사

그늘의 시간을 보다

얕은 산속을 산책하다가
문득 눈이 띈 버섯무리들,
현란함으로 보아 독버섯임에 분명하다
노란빛 혹은 형형의 색채 속에서
독성의 날들을 보낸다는 것
썩거나 죽은 나무의 그늘을 섭취하며
햇살의 반대편을 느린 생애로 버텼을,
내 안의 사랑도 그랬을 것이다
무례한 감정의 방문과
현란한 타협을 요구하는 젊음의 뒤안길에서
나의 사랑도
아픔들 상처들을 보호하기 위해
독성의 은신처를 빌려야 했으리라
사랑은 독이다
아니, 내 안의 느린 시간을 보호하기 위한
썩은 양분들이다
습기 찬 계절 속을 서성인다는 건
얼마나 찬란한 관습이던가
나는 그늘들의 시간을 지우고서
밤의 입구
이슬들이 몰려오는 또 다른 감촉들에게
귀를 적시기 시작한다

김영천

지네발란처럼 외 2편

바위가 크기가 작고 만만하면
쉽게 걸터앉을 수가 있지만
너무 높거나 크면
그저 무연히 바라볼 수밖에 없지 않겠는가

내 사랑이 그러하니
크고 견고한 네 마음 앞에서
지금, 막막할 뿐이다

가끔은 그 그림자 밑에 앉아
바람에 팔랑거리는 풀꽃이라도 바라볼 수는 있겠다마는
비 한 방울 내리지 않는 날이 계속되어도
뿌리를 뻗고 꽃을 피우는 지네 발란이
바위 위를 기어오르는 것을 보고서야
내가 너에게 가는 법을 배운다

귀도 눈도 다 감고
촉수 하나 뻗어내려고 안간힘을 쓴다

나절

'무렵'처럼,
아주 잠깐을 이르러 '나절'이라 한다면
한 나절 만에 스러지는 꽃이 있고
반나절 만에 사라지는 꿈도 있으려니

돌아보면
사랑이나 삶도 그 나절 속에 겨우
흔적만 남기겠구나

남은 날이 얼마인가
밖으로 나선지 한 나절도 안 되어
해는 뭉뚝뭉뚝 지고 있다

봄이 오려다가 주춤하는 달

나바호족이나 수우족 인디언들처럼
한 달, 한 달 그 달에 이름을 붙인다면
오늘은 2월 하순 어느 날이 아니라

“봄이 오려다가 주춤하는 달” 이라 하거나
“추위를 무릅쓰고 꽃망울이 머무는 달” 이라고 하겠다

하루라도 급해 달조차 짧게 하였으리니
“모든 벌레들이 겨울잠을 깨려고 꿈틀거리는 달” 이라거나
“죽은 듯 메마른 가지마다 물오르는 달” 이라고 해도 좋겠다

그대가 내 말에 귀를 기울이듯
갓 보름이 지난달이 구름을 조금 열고
쫑긋 귀를 기울인다

문학기행 외 2편

진한 썬팅지 넘어
긴장한 얼굴의
차량 행렬이 찰나와 같다

미지근한
커피 향이 입가에 맴돌고

버스의 끝 자리는 내 차지
흡사, 수학여행 같아라

고독과 설렘 사이에서
창작의 숲을 거닌다

생명의 숲

메마른 영혼에
의지의 태양 같은 산소

도심과 자연의 경계 속
꿈을 찾아서

북받쳐 올라오는
설움 같은 숨 막힘

생명수 같은
조령샘의 청량함

질펀하게 놀다
집으로 돌아가는 눈꽃들

정상석을 안은 채
찰나에 몸을 맡긴다

고장 난 장난감

당신, 사랑을 아시나요
가슴이 아프고 쓰리고
이별 파티 없이
그 찻집 행복 기억도
흩날리는 꽃씨 되어 먼 길을 나서네
이제 사랑을 못 느껴요
나는 가슴이 고장난 장난감입니다

김철규

고향의 자리 외 2편

삶의 땀 닦아내고
남은
늦가을 뜰

성근 바람만 와서
허공 짚고 맴 도는데

그렇듯
한 생을 물어보면
무심만 남아 떠돈다

내 살던 고향이사 논뚝길을 넘겨보자
밤잠 줄이고 삶을 가꾼 아버지
거기가 간곡한 이야기
사무치게 아픈가

봄다운 봄은 오는가

분명 봄은 희망이다
자연의 섭리이기에
만물의 상징이다

삶의 칠흑은
봄을 기다린다
광야의 봄은 긴 터널인데
권력의 왕자다

칼날위의 생명력은
황토밭 윗머리 타령이다

삶의 운명은
처절함의 형상이다
자연의 섭리 따라
봄은 오는가

오늘을 삽니다

살다보면 볼 것 못 볼 것
다보면서 삽니다
그렇게 살아야 하는 거라면 그것이 운명이고
일제 36년 식민지와
8.15 광복절 만세와
6.25 사변과
4.19 혁명과
끝내는 5.16 참혹한 군홧발로 짓밟힌 현실을 부르고
살았습니다

그리하여 유신정권에도 죽임을 바친사람
민주주의를 지켜려고
역사의 굴절에
분노했습니다

5.18 민주혼의 역사는
군부의 총칼로 생명을 앗아 갔고
역사의 광란이
피비린내 머금으면서도 민주혼을 지켰던
5.18민주의 횃불

이제 대한민국은 세계 7대강국이 되었습니다
국민소득 3만5천 달러 국가입니다
존엄의 생명을 지키게 되었습니다

임인년 오늘에 이르러
검찰왕국이 탄생하게 되고
왕터도 옮겨 갑니다
탱자나무 까시마당을 걸어야 합니다
죽지도 않고 살아온 역사의 시련 그 극복위에
5년을 살아야 합니다

김행숙

가을 한 점 외 2편

마른 넝쿨에 늙은 호박이
아슬아슬 허공에 걸려 있다

펑퍼짐한 꽃이 지고 나서
둥글게 자라면서 익어가더니

울타리를 타고 올라온 넝쿨이
젖을 먹이며 키웠다
해거름에 꿀꺽꿀꺽 젖 넘기는 소리
어느덧 추수 날에 당도하였다

노랗게 잘 익은 가을 한 점이
황금빛 햇살아래 고여 있겠다.

깊이와 높이

그림을 배우기 시작하면서 알았다
가장 물건이 잘 보이는 위치가 있다는 것을

어디에서 보느냐에 따라
같은 사물도 다르게 보인다

꽃에도 나무에도 정물에도
보기 좋은 각도가 있지만

사람에겐 특별히
잘 보이는 위치가 따로 없다

오묘하여 알 수 없는
사람의 깊이와 높이
평생을 걸려도 알 수 없어
그저 짐작만 할 뿐이다

바하리야bahariya 사막*에서

달 표면과 비슷하다는
먼 옛날 바다였던 바하리야 사막
밀가루처럼 말라버린 바다가
기묘한 형상으로 서 있는 이 곳
바람의 손으로 지면을 살살 쓸어 구릉을 만들고
석회암 조각 작품으로 진열되어 있다
신전의 버섯기둥과 여왕의 모습으로

안개속이런가 선경이런가
나는 사막에 취해서 아무 생각도 나지 않는다
하늘에 가득 떠 있는 별들은 어느 세상 별인가
샌드 마운틴에서 불어오는 모래바람은
휘몰아쳐서 눈을 뜨고 별을 못 보게 하지만
가끔씩 쏟아져 내리는 별똥별은 꼬리가 길다

흰 사막 여우는 모래위를 양탄자인양 달린다
귀가 길어 멀리서 나는 소리도 금새 알아채는
어린 왕자의 영원한 친구 사막 여우
전통악기와 템포 빠른 멜로디의 베두인들
둥둥둥 신나게 노래하며 춤을 추는
나는 그들을 거기에 두고 떠나왔다.

* 바하리아 사막_ 이집트 사하라 사막의 초입에 있는 어린 왕자의 배경이 되었던 곳.

사회적 거리두기 외 2편

장맛비 그치자 거리에 산뜻한 프래카드 걸렸다
코로나 재유행 방역 3대 수칙이 큼지막 하다

환기와 소독 하기, 마스크 쓰기
자발적 거리두기, 불필요한 모임 최소화가 그것

코로나가 거리두기 하여
사람들 모여들더니

코로나가 다가오니
사람들 다시 거리두기 하여야 하네

어떤 친구

학창시절 학생회장 선거 때였다
친구로 지내던 그가 상대 후보의 끄나풀이었다니
훗날에 알고서는 치를 떨었지
그도 쉬운 일은 아니었을 것이다

그는 정계로 나가 결국 공직 한자리 얻어 마쳤지
그래도 가정사의 불행은 지금까지 이어진다고 들린다

태극무궁화의 오각은 충·신·용·의·인忠信勇義仁의 뜻
충忠이 앞설 것 같지만
신의信義의 마음 가짐 없이 어렵겠는데

선비들 사군자 치고
문앞에 배롱나무 심어 가꾼 뜻 되새겨본다

송정제 공원

아파트 빌딩 숲속의 연못
수련 꽃봉오리에 잠자리 앉아 있고
연잎은 푸르름을 더 해가는데
비단잉어는 큰 입을 뻐금뻐금 거린다

어제는 논밭을 살찌우던 방죽
오늘은 주민들 나와 운동하고
이야기꽃 피우는 공원 되었다

먹거리 키워내던 송정제
이제는 사람들 건강을 키워낸다

* 송정제_ 익산시 부송동 소재의 시 소유의 작은 저수지. 부녀회의 노력으로 공원화 됨.

민이숙

소식 외 2편

창 너머로 까치가 운다
좋은 일 있으려나
마주친 눈빛
오랜만에 들어보는 소리
덕분에 콧노래가 절로 나온다
화답하는 의미로
스킨답서스 가지하나 가름한 병에 꽂는다

까치가 울면 좋은 일이 생긴다더니
웃을 수 있는 것만으로 좋은 일이지
까닭 없는 기다림 허공에 띄우고
늦은 오후
잘 지내냐는 친구의 안부 전화
반가운 목소리
네게
잊혀 지지 않는 나는 행복한 사람

인연

눈꽃바람 머리를 스친다.
인연이란 눈 날리듯
떨어지면 녹아 버리고 흔적도 없다

시름시름 마음 앓이처럼
인연이란 짧게도 길게도 오가지만
온전히 머물지는 않는다

사람과 자연도
인연으로 왔다가 때가 되면 숨어버린다
끝없이 함께할 수 없는 것

마음 주머니 헐렁해도 괜찮다
털어내면 또 시작 된다
주머니 공간 비우고 채우는 것

인연이란 그런 거야

기억속 사람들

추석이 며칠 남지 않았다
대추도 아직 익지 않았고
고구마도 과일도 배추도
이번 추석엔 햇곡식과 과일 일부는
조상님 상차림에
제 구실을 못 할 듯하다

8남매 맏아들과 결혼하신 엄마
종손 집 맏며느리 허구한 날 제사였지
명절이 다가오면 며칠 전부터
여러 종류의 강정과 두부를 만드셨다
엄마의 노고를 모르고
나는 마냥 신나는 날이었다.

세월이 흘러
내가 종부 집 대가족의 맏며느리가 되었을 때
그 자리가 얼마나 비싼지
돈 주고도 살 수 없는 자리라는 걸 알았다
엄마는 늘 웃는 낯으로 음식을 만드셨고
마당에 달린 과일도
가장 크고 잘 익은 것만 골라 정성껏 올리셨다

어느 날 돌아보니
엄마의 모습, 행동 그대로 답습하고 있는 나

지금은 고인이 되신 어른들
명절은 가족이 그립고 보고 싶은 날이다

박두련

기다림 외 2편

새벽 녘
달빛을 보고
산 같이 돌아누웠습니다.

손을
잡아 주지 않아도
그리움의 시간을 태우며
묵언으로 살았습니다.

잉태

사월의 봄
천상의
별들이 빛난다

먼 시간을
외롭게 떠돌다
연분홍 자태로 만개한 꽃이여

북풍한설
탄생의 산고 견뎌내고
내 품으로 와 안기는 너

머나먼 동행

빗방울
떨어지는 소리에
고단한 삶 던져버린다

뭐가 그리 바빠서
서둘러 떠난 사람아
그 곳에선 제발 무탈 하시오

억새꽃
백발로 휘날리며
날 세운 바람 견뎌온 세월

별 보다
멀리 사는 사람아

엉겅퀴 가시라도 되어 내 곁에 있어주렴

명주실 꾸러미 같은 이 내 목숨
분주한 삶 잠시 잊고
오늘 밤 너와 나 여행을 떠나보자

박
순
미

오늘 같은 날 외 2편

양떼구름 손잡고 나들이하는 날
sns를 통해 쪽지가 왔다
네가 많이 위독하다고

혼비백산하여 달려갔더니 면회사절
다음 면회시간 맞춰오려고 돌아오는데
이생의 소풍길을 마쳤다는 문자

테트리스게임을 좋아했던 너
대나무같이 곧게만 살아온 너
공심채처럼 속이 비었었네

이십 년을 함께 공유하며
너나들이 털어놓은 사이인 줄
알았는데 나만 털고 있었네

너와 함께 헤매던 밤의 시간들
너와 함께 나누던 현란한 요리들
너의 얼굴 떠오르는 오늘 같은 날은
물고기들이 헤엄치는 숲으로 가야겠다

우르릉 쾅쾅!

천둥소리에 잠이 깼는데 초인종 소리였다
화면에 보이는 앞집 여자의 얼굴이 섬찟하다
119 연결이 되지 않아 울며 서 있다

날씨의 통곡이 칠사산의 흙을 몽땅 쓸어내고 있다
노동의 흔적이 선명한 텃밭은 컨테이너를 밀어낸다
문드러진 토사는 폭포 소리 요란한 계곡이 되었다

끊임없는 굉음을 내뿜는 폭포의
심장박동은 국가 부도의 잔상이다
심장 속 쓰라린 메아리는 화음이다

걸음걸음 땀으로 채워진 개미 가슴
발아래 작은 생명 얼마나 밟았길래
다시 돌아온 우르릉 쾅쾅 소리에
회개지심의 시간을 갖는다

엄마의 생일날

엄마 따라 시장가면
어묵이 간식이었다
누나 찾아 백화점가면
초코렛이 간식이었다

남편 따라 태평양 건너간 누나는
오십 년을 눈감고 귀 닫았다
자신의 세상을 쥐락펴락하더니
의사와 목사의 엄마가 되었다

일자리 따라 원룸 입주한 동생의
외롭다는 말 한마디에 누나는
각종 살림살이와 간식을 챙기고
엄마의 마음도 함께 차에 싣는다

엄마의 미소에 밀린 매지구름
누나 따라가려다 돌아선다
짧은 소풍을 마친 엄마 생일날,
남매는 오십 년 세월을 풀어놓는다

박용진

오렌지 아가미 외 2편

물고기가 목을 매달았다
타울거리는 노을로 화소수가 달라진 주변

언젠가의 얼굴은 환했는데 관상용을 거부하고
무리를 짓지 못한 너의 꼬리에서 긴 강이 흐를 줄이야

왜라고 물었다

땅을 잊고 물을 잊은 결별과 선명해졌을 신기루엔 평화로움이

투명해졌다, 떠나는 것과 달아나는 것의 차이는

깜빡 잊은 물건을 찾으러 간 적은 있어도 풍경이 사라질 줄이야

빠른 심박수에 밀린 어지러운 주저흔
꼬리는 아직 경사면에 머물러 흘러내리는 순간이 꿈이었으면

구원은 밑에서 시작되는데

토끼 귀에 숨을 불다

내 말 들어봐
이런 얘기는 하고 싶지 않지만
나도 모르는 비밀은 달짝지근하거든

화면엔 하지 말아야 할 말들이 엄청 넘쳐나 바이러스 때문에 입은 대충 막았지만 두 귀로 들어오는 바람까진 막지 못하니까 꼽등이 배에 숨은 연가시처럼 딱딱하게 굳는 날들이야 하긴 침대에서 눈 뜨고 냉장고에 붙은 쪽지와 말을 섞으며 하루를 시작하니까

어느 정도 귀를 세워야 하는
네 직무는 맞아 아니,
곤두선 진동과 흔들리는 배경에
귀지는 자꾸 쌓여

이런 유형의 귀는 크긴 하지
가는 숨소리로 달아오른 귀는 쫑긋
귀뿌리를 접고 늘어진 주름에도
말없이 숨만 불어넣었어

할 말은 아니란 말엔

꼭 하고 싶은 말이
숨어 있어

네 귀는 가짜야 아니,
불어넣는 내 숨도 의심스럽긴 하지

둘만 남은 얽힌 사슬에서
우리의 관계는 떠돌기 시작해

아직 내게 할 말은 없는지
미리 자란 침묵에서 잃은 게 많더라도
믿는다, 작아진 귀를 가질 너를

날빛의 날을

잘 주무셨나요
병실 텔레비전에 누가 동전을 넣었군요
화성 탐사선이 날아가네요
문명 세계가 뿜은 빛을 두고
둥근 각을 찾는가 봐요
매일매일 뉴스는
초식동물이 육식을 하고
육식동물은 과식한다는군요
침방울 가득 가글링에도 갈증이네요
바람이 흩어지는 채광창에 기대
휑뎅그렁한 세상을 보며
게눈이 되는 저절로입니다
먼 나라 얘기하는 사이 얽은 그물에 별이 새요
날빛 어두운 곳에 별 하나쯤 대수냐고요
무더기로 쏟아질까 걱정입니다
혈중 알코올 농도 부족한 날이면
애인의 일기장을 훔치다 들킨 하루같이
모래바람 센 사막을 어슬렁거리고
별의별 사람과 같이 어울리며
예지몽 따윈 잊은 지 오래입니다
병동 회벽 보수는 언제 하나요

병실 희미한 조명을 비집고
조화 몇 송이가 어슴푸레의 봄을 그리기도
탐사선은 도착했을까요
절벽을 만나 얼결로 헤맬까 걱정입니다
Hell, o
당신의 별엔 별일 없는가요
무너진 별들이 흩어져도
하나씩 틔운 움에 담을 겁니다
별 별 얘기만 했네요

간을 먹는 여자 외 2편

나는 채식주의에 역행하는 부정주의자
육식주의자의 외침은 송곳니가 간지럽다고
날카로운 시를 쓰겠다고
생간을 찾는다

진열장 붉은 등은 사라지고
형광등에 비친 근육과 살들은 흔한 원플러스
육사시미 한 접시를 장바구니에 넣는다

이보다 더 날것이 있을까
날마다 소모되는 피 갈증으로 어지러워
수혈받는 것보다 흡혈을 하는 것이 자연스러워
빛나는 것은 날 것
뜨거운 것은 붉다

간 팔아요?
간을 내어주고
간을 찾아다닌다

오징어 게임*

게임을
시작하겠습니다
옥돌 해수욕장 마을 앞 동네 슈퍼 네모난 벽엔
막 잡아 온 물기 먹은 오징어 대여섯 마리
나란히 줄에 매달려 전시되어 있다
동네 슈퍼를 지나 평화수산 대형 유리 냉장고엔
비닐에 코팅된 박대, 피데기 오징어가 가득 쌓여있다
자그마한 키에 검게 그을린 주름진 피부의 주인아저씨는
박대가 2마리에 만 원, 오징어가 한 마리에 9천 원이란다
경기도에서 휴가차 내려온 친구가 아저씨와 흥정을 시작한다
쇼미더머니 대신 신용카드를 보여준다
저 서울에서 왔어요
주인아저씨도 서울에서 왔다고 응답한다
아저씨는 동향 사람을 만난 듯 금세 오징어
한 마리를 덤으로 구워 주신다
오징어를 굽는
손 등에 고단했던 날의 음각
가스 불에 오그라드는 몸에서 뜨거운 냄새가 났다
건너편 유리 프레임 속 피데기들
우릴 노려보고 있었다
태양은 수직으로 떠 있고

그림자는 머물 곳을 찾는다

해변의 모래엔 외계어가 쓰여 있다
△○□△○□□△○
해석을 위해
시계는 벌써 한 바퀴를 돌았다

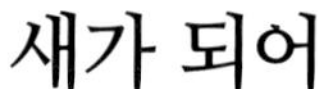

새가 되어

우리는 숲으로 들어갔다
비닐 봉지 몇 개가 들어 있는 낡은 가방을 메고
사람이 다녔던 길은 겨울을 지나니 흔적만 남아
잔가지들을 헤치고 길을 만들어 나갔다
병꽃들이 부르르 나발을 불었다
기댈 곳이 없던 으름 넝쿨이
서로를 의지하여 아름아름 으름꽃을 열었다

작년에 발견한 고사리 밭을 찾을 수 있을까
고사리 대신 가슴까지 자란 싸리꽃 나무들
하얀 밥알들로 가득하다

길을 찾다가 새들이 모르는 노래를 불렀다
노래가 끝나자 반대편 숲에서
새들 소리가 수선스럽다
나는 그들의 노래를 몰랐다

삼옥타브 고음으로 노래했을 때
조용한 나무숲 사이에서
밝고 투명한 노래가 울려 나왔다

새가 저 숲속에 있고
새의 언어가 내 머리 위에 있었다

황혼 외 2편

기나긴
외로움 속에
나 혼자
지켜야 했던
자리

어느덧
황혼에 젖어
비가 내리네

그렇게
지낸 세월
반평생

이젠
그만
접으려 하네

생애

보태어
지지않는
내 삶에

길라잡이
흉내 내어
길잡이 하고

어렵게
살아온
생애

끝 모를
서러움
안고 가네

어느 날

그악스럽던
여름이
고개 숙일 무렵

반갑지 않은
외풍이
나를 반기네

슬퍼할
겨를도 없이
스치고 지나가는 추억

어느 날
잠 깨어보니
헛된 꿈이었네

방지원

부등호 외 2편

너의 모자는 항상 높은 곳에 걸리고
접시는 남보다 더 화려할 줄 알았지

그냥 뾰족한 끝부분에 간신히 걸렸었다는 걸
깨닫는 요즘을 너무 부끄러워하지 마
길이 넓어지기도 좁아지기도 하잖아

세상은 때론 불공평한 듯 공평하고
당연한 듯 아닌 듯
게임에 따라 법칙도 변하지
한 달에 한 번 돌아눕는 달의 변덕처럼.

첫

수많은 '첫'을 만들며 살았지요
매번 두렵고 서툴지만 절실하고 맑아서
마치 풋내 나는 신작시 같았어요

너무 늦었다는 말을 많이 듣기도 했어요
그 때마다
나의 '첫'은 싹둑 싹둑 잘려나갔지요

무수히 사라진 용감한 나의 첫 경험에
애틋한 박수를 보냅니다

살아있는 한 매번 일어나는 '첫'이
언젠가 멈추는 날은
설렘일까요 담담함일까요.

우린 서로 3인칭

높고 큰 의자에 손님처럼 앉아
입 무거운 사람

날마다 부르던 노래는 이명으로 들이고
먼데 하늘 파릇했던 날 더듬어 원시안이 된

바닷가나 산꼭대기
별빛 가득 내리는 곳에 홀연히 있는

안 봐도 본 듯
들어도 못 들은 듯
노을 아름다운 벤치의 혼잣말 같은 그 사람

우린 서로 3인칭.

하은이 외 2편

어느 날
차 안에서
잠들려고 하는
하은이 머리를
쓰다듬으며
내게 물었지.
하은이는
구름타고 왔을까
바람타고 왔을까
잠들지 않았던
하은이 대답
"솜사탕 타고 왔어요."
눈을 감고 빙긋이 웃는다.
아, 그랬구나
네 마음속
향내가
조화로움으로
단내가 몽실몽실 나는구나.

인내의 맛

세월 지나면서
고비를 만날 때마다
겪었던 인내의 맛
자연스럽게
에너지가 되었다네.

굽은 길 돌아
가파른 벽이어도
삭혔던 가슴앓이
달래며
온 몸으로 오르내렸지.

바람 속에서
노을처럼 붉게 타오르며
누리고 있는
커다란 그늘 속
색깔이 다른 이 자유
인생은
한 걸음씩 음미하는
소소한 여행인 것

오늘도
은빛 새는
자유롭게 훨훨 날아간다네.

허수아비와 인간

바람 한 움큼 움켜쥔 채
남루한 옷차림으로
두 팔 벌려
제 임무를 다하는 허수아비
영혼을 실은 인간의 삶과
허수아비의 생은
어쩜 저렇게 닮았을까.
허수아비도
추수가 끝나면
곧 사라질 자신을
예상 못하고 있겠지.
인간도 결말을 인지하고
살아가지는 않는 것
인고의 세월
한없이 감내하며 견디는
우리의 모습과
너무 흡사하구려.

연꽃 차 외 2편

자욱한 번뇌 걷어내고
분주해지기 시작하는 연 못
죽은 듯이 살아나
찻잔에 고요를 일깨우며
한 솎음의 수줍음과
한 묶음의 부끄러움을 섞어
오래된 찻잔에 손을 내밀었다
분홍의 미명이
한 겹 한 겹 펼쳐지며
말간 하늘을 위하여 두 손 모으는
저 곳
걸어서야 닿을 수 없는
아득한 시간의 뒷장
작아도 너무 작아 보이지 않는
자그마히게 쓰인 글씨를 따라가다 보면
삶의 일부로 귀환하는 심연
빠지면 빠질수록
꽃잎의 발자국 지워 가는 길
인연도 저리 지워 가는 것을

꽃밭의 삼중주

아침이 이슬처럼 내리는 꽃밭
나리꽃이 활짝 미소를 지으며 악수를 청한다
오랜만에 친구를 만난 백합이
모처럼 뽀얀 눈인사를 건네며
아침 소나타 맨 앞장 알알이 맺혀가는
대추 알갱이의 작품, 8번 음계에 따라
환영의 피아노 건반을 두드린다
늦잠에 푹 빠져 있던 분꽃이
피아노 선율에 슬며시 눈을 뜨더니
분홍빛 슈트로 갈아입고 바이올린 협주곡 다장조
작품, 1번 감꼭지 떫은 부분의 현을 타기 시작했다
아침 일찍 잠에서 깨어나
늘어지게 기지개를 켜던 천사의 나팔꽃이
노란 손수건을 윗주머니에 슬쩍 꽂고서
주섬주섬 커다란 나팔을 꺼내들고 합류한다
트럼펫 연주곡 작품 07 풋사과의 오른쪽 뺨에 흐르는
빠알간 꿈을, 어깨 들썩이며 연주하기 시작했다
피아노, 바이올린, 트럼펫 삼중주에
잠이 깬 풀벌레들이
시끄러워 잠을 잘 수가 있나, 라며

주섬주섬 옷을 입고서는 외출 하는 아침
커피 잔에 쏟아지는 햇살 한 줌 건져 올려
꽃밭에 뿌리니 일곱 빛깔 무지개가
맑은 아침 마중을 나간다

낡은 호미

한 고랑 또 한 고랑
봄 햇살 멍에 씌워
산비탈 밭이랑 짓는 호미 사이로
썰물처럼 빠져나간 자식들
이제나 저제나 기다리다 지쳐
가을 햇살보다 짧게 닳아버린
낡은 호미
고단한 하루 끌어안고
귀가를 서두르면
알싸한 자주 감자 쪄 놓고
문밖 기웃거리는 붉은 노을너머
비에 젖은 기억들이
망초 꽃의 노래로 전설이 된 고향
이제 돌아가
헛간에 오래 잠들어 있던
낡은 호미 일깨워
감자 밭으로
깨가 쏟아지는 참깨 밭으로
혹은 콩밭으로
어머니를 모셔와야겠다

어둠속에서도 빛은 있다 외 2편

어둠이 밀려들고 아무것도 보이지 않는
칠흑 같은 세상 습지대에 꿈틀대는 현실
어디서부터 시작했을까
온통 썩어버린 악취가 진동한다
힘없이 시들어버린 수많은 영혼들
그들은 아무말도 없이 어둠속을 떠돌아다닌다
아무리 허우적대도 빠져나갈 수 없고
더욱더 옥죄어 오는 올가미
우리들은 그렇게 나약한 존재였던가
이젠 어둠이 걷힐 때도 되었건만
모두의 마음은 깜깜한 밤이 되어버린 지 오래
그렇게 체념하고 살고 있다
신은 우리에게 이겨낼 수 있을 만큼의 고통을
주고 있는 걸까
눅눅한 시간들은 시련을 주지만
과거도 그랬고 현재도 그럴 것이다
어둠 속에서도 희망의 싹은 트이고
굴절된 사이로 한 줄기 두 줄기 빛이 들겠지
이젠 어스름이 서서히 걷히고
우리들 마음엔 희망의 빛이 들고 있다
그렇게 어둠속에서도 빛은 우리를 이끈다

우기지 마라

우기지 마라
우산도
천산도
자산도
간산도
삼봉도
독도를 부르는 옛 이름
삼척동자도 다 알거늘
어찌 우리땅을
자기네 땅이라고 우기는 가

우기지 마라
김치를 기무치라 한들
옛 선조들의 손맛을
낼 수가 있으리오
우리의 김치가
기무치가 될성싶더이까

우기지 마라
경상북도 울릉도 울릉읍 독도리
독도는 주소가 있고
세종실록 지리지에
우리땅이라 기록이 되었거늘
지치지도 않더란 말이던가

신라시대 이사부가
지하에서 웃고 있다

우기지 마라
다케시마라 부르면
독도가 다케시마가
될성 싶더이까
교과서에 기록한다고
우리땅이 현해탄을
넘어갈 수 있더란 말인가

우기지 마라
풀 한포기
돌멩이 하나
나무 한 그루까지
넘보지 못할 것을
탐욕을 버리지 못한단 말인가

우기지 마라
우기지 마라
조상들의 혼이 깃든 땅
수천 년이 지난들
변하지 않을 우리땅
독도는 우리땅
독도는 우리땅인 것을

삼천포의 밤

바다도 잠들고 갈매기도 잠든 이 밤
비틀거리는 항구 술 취한 여인이여
출렁이던 바다도 숨죽이는데
삶의 고랑 사이로 빠져들어
허우적거리고 있는가

수 없이 할퀴고 간 흔적 사이로
별들도 아픔 헤아린 이 밤
가끔 바다를 떠도는 묵언의 외침만
싸늘하게 허공 가르며
삼천포의 밤은 익어간다

노산공원 가로등 아래 서성이는
지난날들의 회상 삼천포 아리랑
노랫가락 은은하게 가슴 적시고
어느 시인의 인자한 미소가
어둠 사이로 희미하게 스쳐간다

깊어가는 삼천포의 밤
비틀거리는 항구엔 아직도 술 취한
여인의 사연이 적막을 깨우는데
가끔 들려오는 처얼썩 처얼썩
파도 소리는 여인의 마음 쓰담고 있구나

고물 외 2편

고—오물 삽니다
고오물
고물 장수가 동네를 돌다 지긋이 나를 내려다 본다
나는 오늘 고물이 되었다

올리브 잎사귀 하나
-노아의 노래

비둘기가 가져온 올리브 잎사귀 하나
그대만이 나의 꿈입니다
세상의 물들이 넘실댄다 할지라도
나의 작은 비둘기 내 품에 안겼습니다
험한 파도 사라지고 거센 비바람 그칠 것은
그대가 나와 함께하심 그것입니다
그대만이 나의 희망 올리브 잎사귀 하나
내 눈에 보이는 것 그것 뿐 일지라도
그대가 닫힌 문 열어 주십니다
그대만이 나의 믿음
그대만이 나의 사랑
그대만이 나의 소망 올리브 잎사귀 하나

허수아비

그는 낡아빠진 닥스 저고리와
빌리웨스턴 카우보이 모자를 쓰고
혼자 서 있었다
두 팔을 벌리고 있었지만
아무도 그를 찾아오지 않았다
나는 그에게 외롭지 않냐고 물어보았다
그는 조용히 내게 말했다
사랑하는 일은 무언가를 지키는 것이고
지키는 일은 고독하다고 했다
세상에 존재하는 모든 것에는 이유가 있다

신을소

수석水石 외 2편

화초밭 한 귀퉁이
하나둘 놓여있는 돌들
모종을 심으려 덮어씌운 비닐의
눌림돌로 앉아 있다
어느 자리냐에 따라 신분이 달라지듯
돌도 제대로 된 받침 깔고
어느 집 거실이나 사무실
장식장 속에서 반짝반짝 빛내고 있으면
귀한 대접 받을 텐데
흙구덩이에 비닐을 깔고 앉아
햇빛과 비와 바람을 원망하진 않을까,
움직일 수도 말할 수도 없으니
누구 손에 들어 있느냐,
탓할 수도 없는 일
그래서 선거 때가 되면 사람들도
한자리 얻으려, 목청껏
상대를 씹어대며 싸우고 있나,
어떤 때는 차라리 눌림돌, 그 자체의
평화로운 모습이 다행일 것 같다.

경계

점점 소통이 어려운 세상
병든 사회는 거리 두기로 조심조심,
말보다는 눈빛으로

세균과의 전쟁은 그치지 않고
아파트 주민들 사이의 편싸움에
관리사무실 출입문 앞엔
쇠사슬로 칭칭 감겨있는 짚차 방패막이가
휴전선 북방한계선 철문처럼
입구의 문을 틀어막고 있다

지나는 사람마다 한마디씩
눈살을 찌푸리게 하는
어디쯤서 끝날지 모를 분쟁
별일도 아닌데, 작은 체면 하나
내려놓지 못하고,
넘지 말아야 할 선을 넘나드는 모습,

여기저기 막힌 것들,
언제쯤 문 열어놓고
오가는 사람 가리지 않고
반기며 살까.

어지러워

세상이 빙그르르 도네요
될 수 있으면 함부로 입 열지 말기
허락도 없이 침입하는 빈객을 막기 위한
너나없이 손 씻기와 거리 두기
가까이해서도 너무 멀리해서도 안 되는
적당한 거리에서 바라보기
어지러워 넘어질 것 같은 세상의 질서, 내 딴엔
정신 똑바로 차리고 서 있다고 생각했는데
내가 바로 서 있는지 다시
점검해 봐야겠네요.

찰나를 읽다 외 2편

일천억 재산이, 시 한 줄 보다 못하다는 사람아
살아서 이루지 못한 사랑 찾아
나비로 환생했단 말인가

홀로 일 때는
멈출 줄 모르는 날갯짓으로
모양새 한번 제대로 볼 수 없었는데
백년을 살아도 꽃과 잎
만날 수 없는 상사화 꽃그늘에 차린 제비나비 신혼방
세인의 이목 상관없는 뜨거운 사랑
황홀해서 내가 먼저 눈을 감네.

도약跳躍 아쿠아슬론 대회

초가을 아침 진기한 대회가 열렸다
석촌호수에 남녀 400여 명 집합
호수를 수영 후, 수직 마라톤으로
롯데123층 2,917개 계단을 오르면 완주

김재현 선수 47분 25초로 남자 1위
황지호 선수 53분 20초로 여자 1위
1등에게는 롯데상품권 300만 원
전기차 레이싱대회인 '2022 서울 E-PRIX' 티켓 2매 수여
참가자 전원에게 완주메달과 기념품 증정을 했다.

의족을 착용하고 참가한 이주영 선수는
타워 꼭대기까지 걸어 오르니 꿈만 같다고 소감을 말했다
대회는 안전을 위해
철인 동호회 또는 수영 동호회 회원만 참가했다

수영 못하는 내게는 그저 놀라울 따름이다
승강기 타고도 아직 못 오른 빌딩
한 발로 완주했다는데 나는,
도약에 도약을 거듭해도 아직 지상 아닌가.

봄을 노래했구나

마른 떡갈나무 잎사귀 아래 숨어
봄을 속삭이는 여린 새싹의 노래
고결하고 아름답다

갓 태어나도 쑥
자라서도 쑥

변함없는 삶에
눈 맞춤 하니
잎 흔들어 하는 말
생명의 봄을 노래했어요

안재덕

돌멩이 외 2편

"객지 생활하더라도 고향 돌 하나쯤 가지고 살면 좋아"
신문지에 돌돌 말아온
평범한 돌 하나 꺼내는 아버지

저 하찮은 돌에도
고향의 햇살과 흙냄새가 깃들어 있다

"아버지 하루 더 묵고 가세요"
"소 밥 줘야 되는데, 옆집에 부탁해 놓기는 했지만…"
자식 옆에 하루라도 더 머물고 싶은 아버지는
푸근한 나의 고향이다

도시락 들고 하나 업고 안고
버스와 배 타고 도착한
가족 생기고 처음 소풍을 간 마산 도섬
그곳에서 즐거운 기억 하나 들고 왔다

내 가슴에 돌돌 싸여 있는
고향 돌멩이 같은
그런 소중한 기억들이 몇 개나 될까

신문지에 싸여 나를 찾아온
고향 돌멩이를 바라보며 생각한다
사소한 그리움이
고향 돌멩이가 되어 나를 붙들고 있다

뿌리

먼 나라 이탈리아 로마에 가서
모나리자, 목 잘린 돌 조각, 북어처럼 말라비틀어진
어린 소녀 미라 보겠다며 인파에 떠밀리다 왔다

이 나라는 조상 덕에 먹고 살아간다

2008년 숭례문이 불타던 날
눈물이 철철 흘렸다

불이 나서 순식간에 사라진 우리의 역사
숭례문, 낙산사, 쌍계사…

이웃집 형이 죽었다
사변 겪고 보릿고개 넘기며 죽기 살기로 일한 죗값으로
화장장 연기로 사라졌다

선조님들
부모님 죽으면 오일 장례 치르고 삼년상 치르며
무덤을 지켰는데

이제는 49재도 지키지 못한다

흘러가는 물에 발을 두 번 담글 수 없다지만
마음은 씁쓸하다

뿌리가 그대로 남아있는지
내 몸을 훑어본다

청소부

코를 쏘는 독한 냄새
누런 소변기에 염산을 뿌린다

여러분!
할머니, 아저씨, 아주머니, 제발!

세제 풀어 청소하던 청소부 아주머니가 외친다
소변 제대로 보라는 얘기다

능포동 조각공원, 아침운동하다
화장실에 들어서니 잔잔한 클래식 음악이 나오고
비데가 따뜻한 물로 정조준 하여 씻어준다
두루마리 휴지가 쌍으로 벽에 붙어 기다리고 있다

세면대에 비치된 비누
수도꼭지가 맑은 물을 선물하고
그야말로 세상 좋아졌다, 생각하며 나올 때
그 뒤에 숨어 나의 악취를 지우는 사람이 있었다

이름도 모르는 청소부 아주머니
그녀는 나의 누이뻘 되는 것 같았다

길 외 2편

가는 길도 있듯이
오는 길도 있고
바로 가는 길이 있듯
돌아가는 길도 있다네요
알아서 가는 길도 물어서 가는 길도
너 나 없이 처음 가는 길
돌아보며 가는 길은 있어도
가다말고 되돌아
오는 길은 없는 것이 우리네 인생
먼 곳이 길 저 길 철 길 말 길 있지만
먼 곳 바라보며 인생은 배우고 깨닫고 다지며 살다보니
이제금 목 길게 안 늘여도 조금은 알 것 같은 길이네요

가을 저녁에

누구든
가슴에 묻어두고 싶은 사연 하나쯤
없으랴 마는
낙엽 쌓이는 공원
벤치에 앉아 신나게 뛰노는 손자 바라보면서
문득 어께 너머로
지는 낙엽 한 장 털어주며 말없이
잡아주던 따뜻한 손길 그때그때는 몰랐어도 까닭 없이 내게로
다가 왔다가 나도
모르게 떠나버린 따뜻한 손길 시방
내 무릎위에 떨어진 낙엽 한 장 가만히 집어 봅니다

죽서루에 올라

누각에 올라서니
동해가 눈에 감겨

발아래 굽이굽이
오십천 흘러내려

즈믄해 푸르른 이끼
선비정신이었구나

오현정

딸기로 끝말잇기놀이 외 2편

앞뜰의 올망졸망 딸기
나보다 훨씬 키가 작지만
나처럼 궁금한 게 많아요

오늘 하루도 잘 지내서 고마워요
감사기도 드리고
아빠 엄마랑 끝말잇기를 해요

엄마가 먼저 "딸기!" 하면
나는 큰소리로 "기운 내" 하고 외쳐요
"내가 먼저 씩씩하고 부지런한 사람이 될게"
아빠는 참 든든한 기둥이예요

엄마 아빠랑 딸기로 맛있는, 끝말잇기놀이
어느새 딸기가 빨갛게 익었어요

윷놀이와 연날리기

한복을 차려입고
설날에 할아버지 댁에서 조상님께 차례를 올려요
떡국이랑 깻잎 전을 잔뜩 먹고 윷놀이를 해요

집안 애기를 들으며
약과랑 유과도 맛있게 먹어요
민속의 날에 민속놀이 하는 게 재밌어요

외가댁에 가서는 연을 날릴 거예요
빵빵한 나의 배는 홀쭉해지고
세뱃돈 주머니만 볼록해질 거예요

내 짝꿍, 한글

붉은 바람의 귀래요
물은 흙의 눈이래요
자연은 우리말, 우리 한글을 닮았어요

달빛 창문에 어른거리는, 숲의 소리
들녘에서 노래하는 새소리
풀꽃들 속삭임을 들어보아요

무궁무궁, 할 말이 많은가 봐요
우리 곁에 다가온, 내 짝꿍 우리말 한글

코로나 임시 선별검사소 외 2편

무심코
지나칠 일
아니더라

하늘 문
열리기 전
저
선명코도 선명한
문고리 앞에 선,

그대
그리고
나!

등짐 봇짐
휘인 육신
무엇으로 가득할지

주여 주여
숱한 입술
양성일지
음성일지

일상처럼 지나치며
사뭇,

님에게

잠시 잠깐 머문 세상에서
당신의 섭리를 알게 하신
님이시여,
어쩌다 천하디, 천한 내게
이리 귀한 언질을 주시는지요
당신 아니고는
당신께서 하시지 않으셨다면
평생이 울음바다였을, 하필이면
택하시길 그러셨던가 싶다가도
가난하고 빈한한 끝
헐벗은 자녀를 먼저
어르시는
그
손길에
남은 날,
드릴 것 하나 없으나
죽기까지 죄 됨을
낱낱이
고백합니다

하심

무릎 꺾고 써내려갈 언어들이
굽은 등 뒤 줄지어서는 건
내게도 어느새 겸손의 계절이,
한 세상 무던히도 인내했을 내 어머니의 거기 그쯤이 그랬으리
가슴께서 체기로 봉합된 채 오래 흉장을 떠돌던 그 숱한 세상의 흉통들도
곧은 목을 꺾고서야 절로 삭아드는 것을,

아 그러나
차마는,

가 닿지 못할 하심의 이치
기도할 일 아닌가

위형윤

희망 외 2편

내 인생 끝나는 날
산기슭 양지바른 잔디 무덤에 묻힐까
불에 태워 재가 되어
공기 속에 훨훨 날아다닐까

내 영혼 하늘나라에서 신을 뵈올까
못 잊은 여인 못다 한 사랑을 나눌까
사랑한 부모 만나 불효한 자식
용서를 구할까
인생 참 가냘프구나

십수 년만 더 살았으면 좋겠다
이제 겨우 칠순을 살았는데
그까진 것 더 못 살겠는가
사랑한 당신이 있는데
여기서 끝날 게 아니지 않는가

침묵

여러 명이 옹기종기 모인
남녀 또래들 책 읽는 학생
아기 업은 어머니
담배 피우는 할아버지
시장에서 생선 파는 아낙네
싸이카 타고 배달하는 아저씨
버스 타고 가는 승객들
모두 말이 없이 침묵만 흐른다

조각관 미술관
살아 있는 듯한 서양화
사람 조각상
모두 말이 없고
떠드는 소리도 없이
침묵만 흐른다

인생도 자연도
모두 말도 없이
침묵만 흐르며
신속하게 어디론가
지나가고 있다

찔레꽃

나라가 약하여
볼모로 잡혀온 처녀 찔레
가시가 찔리듯 가슴 아픈 상처
그리운 고향의 부모형제
보고 싶어 한이 맺히니
지성이면 감천이라

남쪽나라 고향을 찾으나
부모형제 어디 가고 없으니
이제고 저 제고
기다리고 찾아다녀도
슬픔을 안고
찔레는 울었지

하얀 옷 연분홍 옷으로 갈아입고
찔레는 슬픔을 머금고 태어나니
한이 서린 곳곳에
눈물 어린 찔레꽃으로
여기저기 피어 있으니
찔레의 슬픔은 울어라

그 사람은 외 2편

눈 감고 보면
꼭 만나야 할
그 사람은 까맣게 그을린 채
울고 있었습니다

노을이라도 붉게 타오르는 저녁이면
나막신 끌 듯
자근거리는 소리를 하면서
그 사람은
내 집 문 앞에 와 있었습니다

삶이 늘 그리움을 끌고 있듯이
풀꽃 잎 지핀 자리
그리도 간곡한 생각을 몸에 감고
그 사람은
언제나 내 곁에 와 서성이고 있었습니다

눈 감고 보면
바람엔 듯 설레는 빈 자리에
그 사람은 언제나 와 있습니다

달빛은

달빛은
향수의 속정을 다스릴 줄 안다

달빛은
물길 따라 놀지만
물길 가는 걸 싫어해
물길 잡고

달빛은
어머니 손끝 시리게 저린
장독대에 올라
어머니의 졸음 오던 시절을 지켜주고 있다

달빛은
적정거리에 가서 서성거리다가
어느 누구 그리움에 타오르면
따라가면서
동무 삼아 주고 있다

가을바람과 시

바람은
사람이 꿈꿀 수 있는 모든 걸 알고는
가을 뜰을 어루만지고 있다

때로는 찢기어 나부끼는 삶의 부스러기까지
응시하면서
논 가운데 허수아비의 어깨를 두들기면서
여린 피리소리처럼 나부끼고 있다

메뚜기 뛰어놀고
쓰르라미 울어대는 텃논가의
가을저녁 노을과 같이
바람은 그 붉은 빛살과 어울리고

벼 포기 끝에 벼 이삭 자라는 자리에서
잔잔한 숨결과 같이
떨면서
바람은 다소곳 춤으로도 너울대고 있다

은화신

냉장고를 비우며 외 2편

더 이상 욱여넣을 수조차 없는 포만을
간신히 닫아걸고 뒤돌아선 망설임은

긴 배고픔에 대한 원망일까?
배고픔조차 외면한 권태로움일까?

욕심의 전원을 끄고

미혹된 손이 밀어냈던
유통기한 지나버린 사랑과
반쯤 상해
눈물 줄줄 흘리며 늘어선
기약 없는 기다림

그득했던 강박과 저장의 흔적들을
닦아낸 후

차면 비워지고
비우면 채워지는 섭리를
새벽 별빛,
푸른 바람으로 새기길 바라

세월 비치는 말간 철벽에 손을 얹고
읊조리고 읊조리는 끝이 없는 기도

의자

주인공이고 싶었지
구부러지고 쪼그라든 몸
언젠간 버젓한 존재 될 거라고
미문의 기적 임하길 기다렸지

묵묵한 헌신
강요된 명분만 남기고
들리지 않는 고함으로 잠긴 목
내일 폐기 예정이지

잘리고 뜯겨져도
푸른 바람 노니는 고향
귀향은 어림없지

수만 년
눈물방울만큼씩 스며
감히 손대지 못할
뜨거운 용암으로 솟구치는

그 꿈 하나 남았지
그 꿈 하나 안았지

가을비

초롱한 꽃송이들과
사분사분 놀고 간 줄로만 알았는데
기어이 꽃잎 안고 떨어진 봄비의 집착과

튀어 오르는 물방울 주저앉히며
천지를 울리면서
후줄근한 뒤끝만 남기고 떠나버린
여름비의 허세와

갈까 말까 망설이다 수줍게 내려와선
모두를 얼음 속에 가둬버리고만
겨울비의 반전 뒤태마저

모두 사랑했지만

부슬부슬 내려도 시리고

천둥 번개 앞세워도 허전한 가을비만은
사랑을 보내고 텅 빈 가슴 속
눈물의 강 되어 흐르니
차마 사랑할 수가 없습니다

가는 계절에 묻는다 외 2편

아침에는 제법 선선하다
남아있는 여름의 흔적들
하나하나 거둬내야겠다

계절은 가고 오는 것이지만
사람은 가고 오지 않기도 한다

곳곳에 남아있는
떠난 사람의 흔적들
굳이 지우고 싶지는 않다

여름의 끝자락에서
가는 계절에 묻는디
그리움도 외로움도
삶의 이정표가 아니겠느냐고…

병원 복도에서

눈앞에 앉아있는 무표정한 사람들
많은 아픔이 오고 간다

오는 것이 고통이듯 가는 것도 고통인가
사람들은 두려워한다

육체적 고통과 존재의 상실
모든 두려움에서 벗어나야겠다

어차피 신의 뜻이 아닌가

복도식 아파트의 추억

땅값이 싸고 엘리베이터 값이 비싸던 시절에는
복도식 아파트가 많이 지어졌었다
아파트 단지 안에는 녹지도, 놀이터도 많았었다

계단식 아파트가 지어지고 있는 오늘날에는
단지 입구에 차량 차단기가 설치되고
외부 차량의 통제는 물론이고
외부인이 들어가기도 쉽지 않다

아파트는 사람이 사는 집인데
사람과 사람이 어울리기 쉽지 않다면 아이러니다
어린이 놀이터가 텅 비어 있다면 그것도 아이러니다

땅값도 쌌고 아파트 값도 쌌던 시절
아파트 놀이터에 아이들 웃음소리가 그치지 않던 시절
아무 아파트 단지에나 주차가 쉽던 시절
복도식 아파트가 많던 그 시절이 그리워진다

이광주

메뚜기철 외 2편

지리한 장마 후에
태풍이 몰아치고

꿋꿋이 견뎌보니
어느덧 가을 햇살

곡식은 영그르고
메뚜기 제철이다

나락은 땅주인 것이나
실한 메뚜기는
내 마음을 사로잡네

셈치기

두 손에 아무것도
앞날엔 절망만이

기댈 이 하나 없고
몸마저 노쇠하나

모든 것 있는 셈치고
정의. 행복 시작해

사연

갈바람 표표하다
파장한 오후장터

노을이 잦아들어
목숨 같은 밤이 들면

끝 모르게 늘어선
망월그늘을 따라

어제 같은 기억을 지고
굴참나무 숲을 건너리

나는,

오히려 나는
노래하리니

달빛 창백히
내려앉은 메밀꽃

삼삼히 피어오르는
외마다 숨결 하나

단추 외 2편

자개단추,
꽃단추,
금장단추도 아닌 내 하얀 단추

바느질이 해져 느슨해진 단추
실밥을 물고 대롱대롱 가슴골에서 실랑이 한다.
딱 잡아떼어 버리면 내 몰골 추할까 야할까

채울까,
풀까

허물어진 벽엔 바람막이로 채워주고
악다구니 소동 부재엔 숨 통 열어주는 중재자로
밀도 높은 연인들에겐 유혹의 상징으로

많은 이들
단추 하나 경계에 두고
얼마나 많은 갈등을 했을까

채울까,
풀까
밀당의 고수

장마

적막하게
연출되는 비의 영토

일일초 작은 얼굴 빗물에 퉁퉁 불고 색이 바래 핏기를 잃었다
억수로 퍼 붇다가 숨 고르는 빗줄기
심사를 알 수 없는 비바람 인정 없고 꽃잎 하나 떨어져 계단에 곤두박질친다
창백한 꽃잎 일으켜 세워 분홍의 얼굴 찾아보지만 보이지 않는다

낙하한 꽃잎 휘어진 가지, 눈도 못 떠 본 애벌레의 사체, 납작 엎드린 무덤
위태로운 거리를 헤매는 사람들 차츰 애상의 대상에서 멀어지리

몸집을 불리는 강
그 강엔 달이 뜨지 않는다
아주 오랫동안 뜨지 않을 것이다

허공에 집짓기

치매 초기인 작은 아버지
요즘 선글라스 사는 재미에 꽂혀 사신다

한 가지 일에 몰두한다는 것은
여럿을 다 지우고 나서야 얻어지는 것

공기처럼 가벼워진 심령은
프리즘 너머로 어떤 꿈을 꾸고 계실까

세파에 시달리며
몽돌로 다듬어진 유기체 사람, 사람

요람에서 무덤까지
책임지시겠다던 신의 계획에 차질이 생긴 건지
얼마 전 큼지막한 남자 선글라스 하나 보내놓고 매일 전화하신다
"잘 쓰고 다니느냐"고

허공에
집 짓는 수수께끼 같은 생
오늘도 소름끼칠 듯 내밀한 결정은
치매 1단계 경계인 안경점으로 향한다

이미라

메타세콰이어 길 외 2편

파랑이 높다
끝을 보아야
본 것 같은
묘한 감정 선을 이끌어
가지는 키를 더 키운다
고개 젖히고 우러러 보는
뻥 뚫린 몸속으로
수 만개의 잎들이
바람으로 쏟아진다

물음하나
어디까지 갈꺼니

물음 또 하나
하늘에 닿았니
....

푸름의 산아

푸름에 눈물겨운 산아
잿빛 하늘도 나즈막히
산으로 스며든다
말없이도 눈빛만으로
네 품에 안겨
세상 무엇이 이보다 더
아름다울까
내 몸의 가벼움이
천상의 구름인 듯
속절없이 눈물겹다
발밑에 스러지는 야생조차 풋풋하여
몸 하나 푸름의 홑씨로
떠다닌다

구월을 닮다

구월 이마를 부벼대며
물빛 하늘에
퍼즐로 쏟아놓은
잔망스런 기억들
마음 끌고 가는
네 손끝이 구월에 닿으면
좋겠다
넉넉한 품에 든
햇살 바람 구름 조각들
이별이 더 가까운 날들을 위해
숲은 품을 더 키우고
멀어진 하늘 가까이로
날개 추슬러
갈바람 한소끔 마시며
구월 닮은 너였으면
좋겠다

이병연

사구 식물 외 2편

바람에 날려 쌓인 모래 언덕에
뿌리를 내리고 사는 식물

뼈대를 세우고
몸집을 불리고 싶어도
살아남기 위해
거센 바람이 부는 방향으로 몸을 뉘면서
세상사는 일이 마음대로 되지 않는다는 것을
알아버린 사람처럼
몸을 낮추고 있는 듯 없는 듯
서로 어깨를 부여잡고
뿌리를 간절하게 내리며
휘어져도 질기게 일어서며

영원히 존재할 것 같은 모래 언덕에
집 짓고 아이 낳고
기를 쓰며
제 몸보다 몇 배 깊숙이 뿌리를 내리고
무리 지어 산다.

내 안의 역驛

사라져가는 꼬리를 놓지 않으려고
나는 어린아이처럼 훌쩍거렸다.

당신이 있던 텅 빈 자리

당신이 빠져나간 그 자리에
웅덩이처럼 물이 고이기 시작했다.

함께한 결 고운 한때를 떠올리다가
나는 또 젖어 든다.

고개를 저을수록 항복할 줄 모르는
내 안의 역

당신이 떠난 역은
수십 년이 지났어도 미련한 애인처럼 젖어 있고

그곳에는 마르지 않는 꽃이 산다.

틀 속의 벌

창문에 날개를 부딪치며
솟구치다 곤두박질치길 수차례

붙박이 창문 밑에
작은 창이 아래쪽으로 비스듬히 열려 있는데

식구들 수발에 제 빛깔 아예 놓아버리고
안으로 걸어 잠근 문에 부딪혀 파드득
홀로 흐느끼는 여자

안팎의 경계에 함몰되어 나는 법 잊어버렸다

막힌 창문 아래의 턱 넘을 생각
아예 하지 못하고
탈진한 채 절망으로 온몸이 절레절레

사투를 벌이는 게 안쓰러워
사각의 창문 아래로 힘껏 밀어주었다.

이복자

한강 아리랑 외 2편

한의 뿔 애절하게 땅을 뚫고 나와
소리하는 여인이 득음하듯 산을 굽이쳐 내릴 때도
아리랑을 되뇌곤 했겠지.
아리랑 줄기가 거대한 강을 이루면 소리는
강바닥에 누워 목 울림으로 고개를 넘는다.
울림의 물결 물안개로 일어나는 옛 나루터쯤에서
씻김굿으로나 만날 치맛자락 젖은 아낙네 혼백을
하얀 흐느낌으로 감싸 굿 가락에 얹어 보기도 했겠지.
물결에 마음 띄우면 타래로 엮인 빨래터의 애환도
철교 끊긴 무섭고 슬픈 폭격의 역사도
묵념조차 고삐 풀려 아리랑 춤사위로 흐른다.
우리네 강은 한이 고이면 기적도 일으키는 모성母性
서울의 어머니, 대한의 어머니라 불릴 만한 힘으로
빌딩과 아파트 우거진 길을 지날 때도
젊어진 나라가 놀라워 매달리는 가락, 아리랑
혈이 흘러야 일어서듯 마르지 않는 젖줄로 흐른다.
강둑에 엉덩이 내려놓고 젖어 보면 안다.
한강에는 출렁출렁 멈춤 없는 아리랑 가락
흐른다.

고등어

물은 항상 도道를 닦는다
투명, 맑은 정신이 고여 있어야
그 물결 물고기 등에 곱게 내려앉는다
금물결 은물결 밤물결이 잔잔하게 스민
민물고기 등에 밤낮의 빛이 반짝이듯
바다에는 푸른 물결 등에 스민 고등어가 산다
보라, 바닷물의 도가 하늘과 맞닿은 자리 먼 수평선은
묵상이 도래하는 곳이라 파도 한 점 없고
하늘의 실핏줄 묵주로 내리 닿아 깊을수록 푸르다
그렇지, 어느 물고기의 몸속에 바닷물이 있던가
고스란히 짠물을 먹이고 살에서 짠맛 빼며
내빼는 물고기를 떼로 몰아 등에 하늘빛 담기까지
바다의 도道를 닮은 고등어는 싼밋이 없다
소금을 쳐야 천국을 가는 자반, 맛있다
푸른 등 살 한 점, 고스란히 바다니까.

원두막

근본이 울컥 그리울 때가 있다
탯줄 잘린 후 방전되어 닳은 몸
참외밭 모서리, 과수원 길쯤에 원두막 있으면
지나다가도 들어가 충전하고 싶은

내 살던 마을, 늘 봤던 오동나무의 영혼이
아버지의 얼굴로 불쑥 찾아와
'내 딸, 살기 힘들었구나'하고 어루만질 때
고단했던 삶의 눈물 미소로 훌쩍거려 보고 싶은

비 안 샐 만큼 하늘 가린
사방이 열린 집에 바람 한 번 퉁치면 세상사가 곰삭는
열려 있어도 날 훔칠, 태생이 훔쳐지지 않을
뉜 몸, 도장이 되도록 놓아 보고 싶은

한나절 순수를 단 참외처럼 꽁냥꽁냥 씹으면
잔뼈 굵어진 역사가 머리부터 발끝까지 편안하게 들어와
잠처럼 선명한 추억을 꾸게 하리라

배꼽의 자존감 닳지 않아 아무리 허름해도 좋은

이
상
미

신비한 소리 외 2편

버스 내리기 바로 전
신호등에 걸린 채
나른한 몸 살포시 눈 감기는 찰나
"얘!, 상미야 ~ "

귓속에 울린 맑은 공명 소리에
눈이 번쩍
뭔가?
공기가 말했나?
내 안에 내가 나를 깨웠나?

어머니와 꽃

어머니는 몇 날을 황홀하고 행복했지
고귀한 귀족 같은 자줏빛 백합화가
어머니 마당 꽃밭에 탐스럽게 피어서

어느 날 하늘에 구름이 몰려오자
꽃들이 상할라 마음 쓰인 어머니는
망가진 투명우산을 꽃들 위에 씌웠지

내리는 빗줄기가 점점 더 거세지자
걱정된 어머니는 내리는 비 맞으며
투명한 비닐봉지를 꽃들에게 입혔지

투명 옷 속의 꽃은 빗속에도 어여뻐서
어머니 말씨에는 자랑이 가득했지
행복해 활짝 핀 모습 아기처럼 귀여웠지

돈암동 추억

아버지가 기술자로 월남에 간지 일 년 만에
전기도 없는 시골 춘천에서 서울로 이사 할 때
엄마는 우리가 놀기 좋은 마당이 넓은 집을 원했지.

지금은 병풍처럼 아파트가 서 있는 돈암초등학교 왼쪽 산동네
길어오는 물지게꾼의 물을 사 먹어야 하는 지역
비 오듯 턱밑에 떨어지는 땀과 펴지지 않는 무릎이었지만
그래도, 내려올 때는 비호처럼 뛰어 내려올 수 있었지.

아버지는 커다란 나무상자에 과자와 진귀한 물건을 보내왔고
그 상자는 우리들의 놀이기구, 오르고 내리고 올라 멀리 뛰고
한겨울에도 그 속에 이불을 끌고 가 깔고 덮고 엎드려 그림을 그렸지
곱은 손을 호호 불며
동네에서 제일 큰 마당, 돈암동 산동네 우리집 마당은 아이들의 놀이터였지.

아이들이 마당에 물통의 얼음을 쏟고 산산 조각낸 어느 추운 겨울날의 밤
'빠삭 빠삭 빠삭' 날선 얼음조각들을 밟는 소리에

잠이 깬 엄마는 겁도 없이 창을 열며 “누구야?” 큰소리로 외쳤지

다음날
담 밑의 사각 회통에는 커다란 농구화 발자국이 있었고
옆집의 도둑맞은 물건은 중학생의 빈 책가방
라디오에서 들려오는 소리는 북한 공비 김신조 일당의 남침 소식

큰 길가의 동도극장에서 만화영화 ‘호피와 차돌바위’를 보았지.

이세규

낙조 외 2편

누가
불덩이를 삼켰는지
불 지른 파도 위로
하늘도 불타네

잿빛 갈매기 너울너울
노을에 서성이고
성난 물결 밀려들어
갯바위 씻어낸다

수평선 너머 소나타 선율
어둠은 침묵을 만들고
새날 아침을 위해
휴식의 날개를 접는다

임진강

영겁 동안 허리를 가르고
슬픈 영혼 뼈마디 녹아 흘러
서쪽 바다 돌고 돌아
사해로 흐른다

천지에서 백록담
백두에서 한라까지
반백 년 지나도
강물은 눈물이어라

철조망 가시마다 걸린
이별의 상처들
남과 북은 하나
언젠가 한 혈맥이 되리라

성묘

소주 한 병 추켜들고
산허리 언덕을 지나니
풀벌레 숨 가쁘게 운다

지난봄에 왔다 간
조문 흔적들은
잡초 속에 빛바랜 슬픔

부활을 꿈꾸며
생명수 한잔 부어 놓고
무릎 꿇고 머리 숙이는데

햇빛 울음 풀 끝에 빛나
산새 눈물 꽃잎에 아롱지고
맺힌 설움 가슴에 사무쳐

이순옥

장미의 서誓 외 2편

경외와 두려움은 한 끗 차이
생각이 벼랑을 만난 듯 뚝 끊어졌다
이성이 제대로 작동해
의식의 흐름에 따르지 않고
타인의 목소리에 담긴 무게가 깃털처럼
가벼워졌다
오늘은 사라졌어도 마음은 계속 자각하고 있어
자신마저 빛 속에 모습을 감추는 태양처럼
눈에 담고 있던 하루의 색깔들
파삭 부서지고 조각으로 나뉜 뒤
까만 어둠 속으로 스며든다
상처받지 않을 기회를 보다
소중함을 잃는 것보다
서로에게 행복한 깊은 착각의 늪
마음에 싹이 없으면 아무리 물을 줘도
꽃 피지 않을,

탐하는 자
범하기 위해 바람 위에 펼침의 낯을 세운다

6월의 노래

오랫동안 떠나보내지 못했던 그 계절은
쇠 구슬 같은 딱딱한 앙금으로 남았습니다
몇 바퀴의 지구를 돌았을까요
쇠 구슬의 겉면이 다시
녹슬어버릴 만큼의 시간

가슴속 어딘가에 사포 한 장
숨기고 있는 6월은 특히 더
쓰라린 날들입니다

감정이란 게 꼭 전부여야만
확실한 건 아니지요
그저 일부라도 충분히 망가질 수 있고
고통스러울 수 있는
언어가 되지 않은 것들 속에
더 많은 의미가 있듯 말입니다

그래서 6월의 뜨거운 산야엔
떠나지 못한 계절이 고여
모진 풍파에 단단히 뭉쳐지고 깎여서

형용 못 할 빛으로 반짝이게 된,
지치고 아픈 진주가 되어 거기 있습니다

모두가 말하는 대책 없는 시대
그 해맑음을 지켜주는 그대는
오늘도 우리에게
온몸의 희망 세포에
드릉드릉 시동을 걸고 있네요

우주 한 바퀴 그리고

오래도록 손때를 타지 않았을
저 달에 새긴 이름
닳아 없어질 그 시간보다도 오래
당신의 잔상을 쫓으며
끝내 종막으로 항해하는 조타수라면
나는 기어이
부서지는 파도 되어 그대를 쫓을래요

흘러간 시간 따위 무슨 의미있나요
이제 겨우 한 바퀴째 회갑을 지날 뿐인걸
억겁의 무게로 체감하는 시간 앞에
인생이라는 끔찍한 뒷면을 확인해버린
선물처럼 받아온 고백
이제 알아요
텅 빈 상자였다는걸

눈앞을 막고 있던 얇은 막하나
사라졌을 뿐인데,
내 앞에 펼쳐진 세계는
전혀 알지 못하는 낯선 세계였어요
잊고 살았던 갖가지 감정
날뛰어대네요
다들 제가 제일이라며 큰소리치며

이순희

스스로 그러하게 외 2편

언제 어디서
굴러왔는지도 모를 화분에
하얀 날개 같은 꽃이 피었다
볼품없는 잎을 달고 제구실도 못 하던 싸구려 그 화분엔
물도 잘 주지 않았다
예쁜 꽃을 피우는 화분들에게 정성들여 물을 주다가
남은 물 선심 쓰듯 조금 끼얹어 줄 뿐이었다
그런데 그 화분 잎 끝마다 뽀오얀 속살을 내밀더니
천사 날개 같은 꽃을 피웠다
자꾸 시선이 간다

그러다가 스치는 무엇

무심해져야
꽃도 꽃잎 무심하게 지우고
훌쩍 떠날 수 있다는 것을

꽃 하나 피웠다고
호들갑 떨지 말아야겠다.

아무도(島)

강남역 네거리엔 인파가 넘실거린다
한 겨울 한파에도 리듬을 타듯
수많은 머리들이 물결처럼 밀리고 밀려간다
그 물결 속에 그녀
외로운 섬으로 떠 있다

사람들 몰려와 물거품인 듯
그 섬에 부딪히지만 거품은 이내 꺼지고 만다
누구도 오를 수 없는 그 섬
파도와 바람만이 스칠 뿐이다
철썩 철썩 인파가 그 섬을 치면
그녀의 울음이 바람에 실려 간다

지독한 외로움에
그 섬 자연을 닮아 스스로 그러하다는 듯
아무島라는 섬
홀로 그렇게 떠 있다

징은 울지도 못한다

그는 울지 못 한다
울음이 목까지 차 올라와도
안으로만 삼킬 뿐

저 잘 났다 피 튀기는 세상이다
울음은 값싼 감성의 산물
눈물 따윈 용납되지 않는다
복어가 이 악물고 배 부풀리듯
눈 부라려야 살아남는다

심금을 울린다는 말
오래전에 폐기처분 되었다
울음마저 잃은 사람들이
차 안에 번개탄을 피우고
나무에 밧줄을 매었다

밤마다 그도
마음의 골짜기에서는
숨죽여 운다
눈물을 마중물로
세상 곳곳 가슴 털어놓는

징, 징, 징 울음바다가 되는 날은
언제나 오려나

소리 내어 울지 못하는 그가
오랜 기다림으로 녹슬어 가고 있는데
그 울음보 한방에 터트릴 이
아무도 없소?

이숨

백향목의 감정 외 2편

레바논의 심장이 부풀어오른다

그곳은 백향목의 거처 내 안에 자라는 뿌리가 계곡에 발을 담근다 나이테에 새겨지는 물의 흔적들 물의 힘으로 가지가 굵어지고 날마다 물을 퍼 올린다 쭉쭉 뻗은 가지 위에 빨간 열매는 하늘을 향한다

기도하는 성자처럼,

브차레는 성자들의 골짜기 낙타의 무릎처럼 성전의 도구로 쓰이고 싶었을까 하늘을 꿈꾸고 구름과 바람을 스치는 페니키아의 배가 되어 지중해를 걷고 싶었을까

고지에서 추위를 끌어안고 성자는 어깨를 감싸주고 숨 쉬는 영혼의 안식처 휘어지거나 구부러지지 않겠다는 의지는 고통이 될 수 없다는 듯 꿋꿋하다

성전을 백향목으로 지었을까 영원히 살고 싶은 나무는 벽과 천장으로 쓰임 받기 위해 키를 늘려나간다 레바논에서 3년째 살고 있는 나에게 어머니는 민들레 장아찌를 우체국 택배로 보낸다

뿌리 깊은 민들레처럼 백향목처럼 살라고

개복치*

바다에서 새처럼 날았지 고작 작은 별불가사리 크기일 때 나를 향해 달려드는 물고기들 쫓기고 쫓는 사이 조마조마하며 유영할 때마다 사라지는 형제들 겨우 살아남아 거대한 물고기로 변신하는 동안 점점 사라지는 나의 꼬리, 꼬리, 꼬리 나는 기형화된 물고기인가? 뭉툭해진 몸통 꼬리가 사라지면 어떻게 살까? 밤마다 울면서 꼬리가 자라길 원했어 어느 날 꼬리를 포기하자 등지느러미와 뒷지느러미가 자라기 시작했어 하루도 거르지 않고 내 몸속에 저장된 기억의 상자를 열어 헤엄치는 법을 배웠어 불안이 심장을 점령하여 허기지면 해파리를 닥치는 대로 먹었어 속살은 뽀얀 콜라겐 덩어리로 변해갔어 나는 해파리가 떠오를 때마다 꿀떡꿀떡 삼켰지만 배는 부르지 않고 삼킬수록 허기가 졌어 해파리처럼 둥둥 떠오르는 비닐봉지를 나는 해파리로 믿고 삼켰어 숨쉬기가 불편해지면서 점점 몸이 말라가기 시작했지 그것은 인간들이 버린 소화가 되지 않는 해파리였을까

* 복어목 개복치과로 몸길이 약 2~4m, 몸무게 1,000kg인 거대한 물고기이다.

낙타를 설계하다

설계자의 의도는 촘촘하다

낙타의 긴 다리까지 사막 열기 올라오지 못한다

꿈벅일 때 긴 속눈썹으로 모래바람을 차단하고

두꺼운 발굽에서 먼 사막을 걷는다

낙타가 지고 가는 저 두 개의 비상식량

오아시스를 찾지 못하는 날엔 혹을 열고 밥을 먹는다

낙타의 눈에는 어머니가 산다

한번 꿈벅일 때

주르르 흘러내릴 것 같은 사랑이 뭉치 째 담겨있다

이애진

예쁜데 예쁘지 않게 외 2편

하얀 원피스를 입은
꽃처럼 예쁜 아가씨가
빨간 꽃 한 송이를
예쁘지 않게 들고 있다

짤막한 꽃대를
집게손가락과 검지손가락
사이에 끼고 꺼떡꺼떡
잠시도 가만 놔두질 않는다

꽃잎 몇 개는 축 처져
너덜너덜 떨어지기 직전
저럴 거면 왜 꽃을 들고 있을까

꽃처럼 예쁜 아가씨는
예쁜 꽃을 함부로 들고
지하철에서 내렸다

예쁜데
예쁘지 않게

후회

마시면
큰일 나는 줄 알았던
술이란 것을
육십 중반이 되어서야
겨우 입에 대기 시작했다

두어 잔 마셔도
아무 일 없는걸

아버지 기일
이럴 줄 알았으면
살아 계실 때
마주 앉아
동무해 드릴걸

후회스러움에
또르르 흐르는 눈물방울
잔을 채워
아버지께 올린다

속울음

세상에서
가장 쓸쓸한 단어
텅 비네

세상에서
가장 공허한 소리
텅 비네

세상에서
가장 아픈 소리
"어서 들 가.

이제 텅 비겠구나."

무거운 마음으로
떨어지지 않는 발걸음
재촉하는 속울음

이율녀

꽃물의 마법 외 2편

새악시 고운 얼굴 함박웃음이
화단을 채우고 울타리를 넘는다.

진분홍 고운 미소 한 움큼 따서
손톱에 꽃물로 길게 저장한다.

손톱에 입력된 비밀암호는
추억의 문을 여는 마법의 꽃물이다

유년의 추억 속 작은 파랑새
굽어진 어깨를 두드리며 속삭인다.

봉숭아 흐드러진 꽃밭은
잠든 꿈이 깨어나는 쪽박샘이다.

가을 산사에서

만추에 푸욱 잠긴
고즈넉한 천년 고찰
무성하던 청록의 나뭇잎
낙엽이 되어 바닥에 뒹굴고 있다.

온몸을 휘감았던
화려한 명예와 영광들
미련 없이 벗어 던진 나목은
날아갈 듯 가볍고 홀가분하다.

고개 들어 쳐다보는 하늘
가지 사이 빈 창공의 아름다움
거침없이 자유로운 갈바람의 속삭임

가파른 오르막길 메고 온 짐들을
꼭꼭 밟아 고엽 속에 함께 묻는다.

벚꽃 반전反轉

어서 오라는 손짓 따라 서둘렀으나
가슴 적시며 우수수 쏟아지는 꽃비
지천에 깔려 있는 창백한 꽃이파리

조금만 더 빨리 올 걸… 후회 저 너머
2막을 여는 탄식의 커텐이 올라가고
환희로 충만한 연분홍 나비 떼의 군무

두 주먹 위로 뻗어 활짝 펼치니
움켜쥐고 붙잡았던 허망의 조각들
허공에 뿌려지는 미련의 파편들

찬란한 내려옴의 미학이여
빛나는 태양도 상큼한 봄바람도
2막 인생에 갈채를 보낸다.

이인헌

내 고향 당산나무 외 2편

고향 동네에 들어서면
고장 난 차가 서 버리듯
당산나무 아래
내 마음이 자동으로 서게 된다.

튀밥 장사 찾아와
펑 하고 크게 튀밥 튀던 곳
아이스 깨끼 얼음이야 얼음과자
엿장수 가위 질 소리에
정신없이 고물을 주어서 달려오던 곳
당산나무 아래에서
어린 날 풍경 속에 갇혀
나는 꼼짝 할 수가 없다.

당산나무에 올라가
놀던 곳에서 보물을 찾듯
내 기억이 아는 체하면
어린 날의 추억이
뼈 속 마디마디
가슴을 울리며 하나 둘 찾아온다.

친구들과 사소한 말다툼도
그 시절 가난까지
세월의 풍파 속에 늙어가면서도
오늘따라 맑았던 친구들의
행복했던 모습이
눈물을 찾으며 그리워진다.

어린 날의 기억들

어머니를 따라
알미 장터에 가서
귀엽고 어여쁜 강아지를 사왔네.

강아지는 나와 교감을 통하며
냇가에서 고기 잡고
물놀이하고 돌아오면
내 품에 안기어 꼬리를 흔들며
어른 개가 되어갔다네.

어느 날
개장사가 찾아오니
마루 밑에 들어가
무섭게 이빨을 드러내고
눈에 불을 켜며 짖어대던 개

내가
밧줄을 목에 걸어도
나를 믿고 안도의 눈빛을 보냈던 개
끌려 나와
대밭에서 죽었다네.

수십 년이 지나도
나이를 먹어 갈수록
더 생생한 유년의 기억
반세기도 훌쩍 지났건만
상처의 덫에 걸려 나를 슬프게 하네.

알미 장터에서
어린아이 품에 안겼던 그 강아지
하늘의 별이 되어
깊어가는 세월의 밤
내 가슴 안에서
초롱초롱 반짝이고 있다네.

두 번째, 오늘을 살아갑니다

반딧불은
빛을 뿜어내며
밤새 어두움 속에서 생을 즐기다가
떠오르는 아침 햇살에 놀라
풀숲으로 숨어버립니다.

햇살이 찾아오면
어제의 모든 인연들 앞에
어지러웠던 욕심들이
명상 속으로 숨어버리고
흔들렸던 세상살이에
내 영혼을 잡아주는 쉼터가 보입니다.

끝없는 욕심과 방황 안에서
세월에 지친 일상
얼룩진 생 지워가며
성찰의 시선 속에
자신을 비워 낸 자리

무수한 침묵 속에
시를 써 내려가며
시와 함께
두 번째, 오늘을 살아갑니다.

이정님

소쩍새 부리 외 2편

한 번도 어찌해보지 못한 세상에 와서
외롭다기엔 너무 깊어
혼자 울음 울다가
새벽 세시의 이슬에 젖는
소쩍새 부리를 망연히 바라보다가
바람의 손가락들이 부드럽게 쓸어 넘기는
시간의 머리카락을 만지작거리며
대다수의 잎사귀들이 살랑거리는
마찰음울 듣다가

세상은 너무 황홀하여
살을 투척해버리고도 후회할 줄 몰라라
갈수록 더 간절해지고
때때로 죽은 듯 앉아서 조름이나 달래다가
내가 기어이 갈 곳을 몰라
아직도 미아인 채
한 번도 어찌해보지 못한 세상에서
敗戰인 양 이렇게 버려진 채
졸고 있는 소 소쩍
소쩍새 부리

떠난 사람아

가면 간다고 했어야지
어둠이 싫어서 그렇게 떠난 다구
한 겹 한 겹 벗겨내며 사는 게지

빈 방문 열어 보고는
당신이 그리도 두려워하던
어둠 한 줌 쓸어 담고
흐릿한 창문 저쪽
흘리다 만 눈물도 대롱대롱
눈썹에 달고 돌아 왔지

허릴 없이 비어 있는
당신 방에서
헐벗은 나목이 되고자 누워 보지만
칠흑 같은 고독에 찔려
헛손질만 치다가
차라리 그리움 담은 풍경이 되어버렸지

잘 가시오.
어둠이 없는 밝은 곳으로

우리는

해가 뜨고 해가 지고
바람이 불고 비가 오고
창을 열고
창을 닫고
그대가 나를 보고
내가 그대를 보고

세상은 날마다 새롭게 태어나고
사람들은
새로운 세상에서
새롭게 죽어간다.

믿지 마라 주검조차도

그것은 다만 神만이 아는 일
그것은 천지의 일
우리는 그 틈새를 메워가는
아주 보잘 것 없는
보푸라기일 뿐

우리에게는 새로운 해가 뜨고

또 해가 지고
누군가 또 다른 세상의
창을 열고
창을 닫는다.

이정수

선물을 받고 외 2편

그대가 준 선물
첫 사랑처럼 다가와 심장에
별이 되어 박히고 나는 오늘 그대의
시를 낳는다

긴 시간 온 몸으로 담겨온
마음까지 심장으로만 열리는 사랑의 빗장
참 고맙다

정성을 받은 기쁨이 이토록
큰 줄 받는 이 밖에는 모른다

이미 받은 것이 많은 나
더는 채울 수도 없게
나의 빈 자루에
그대의 부요를 채웠다

나 또한 선물이 되어 준 그대처럼
이 세상 모든 사람에게
그대의 선물이 된다

리디아의 노래

오늘도 어김없이
고요한 나의 아침을
기분 좋게 깨워 준
사랑의 인사

가끔씩
또 갑자기
내속의 허기를 마주할 때

그때도 어김없이
조용히 와서 똑똑

노크해 주는
사랑의 속삭임

밤새 마른 풀밭은
빗방울의 노래로 촉촉해지고
갈라진 내 맘은
사랑의 노래로 꽉 메워진다

오늘도 그 사랑이
나를 찾아왔다.

19호실*

나의 19호실은
너
그리고 우리의
19호실은 주님.

* 88세 나이로 노벨문학상을 수상한 영국을 대표하는 작가 '도리스레싱'의 단편소설 11편이 묶인 소설집 〈19호실로 가다〉: 여기서 '19호실'은 자신만의 공간을 의미한다.

개나리 외 2편

가슴에 만 피는 꽃 아니다
머리에서 발끝까지 환하게 피우는 꽃이다.

햇봄 뜨는 빛깔로 피워
겨우내 주눅 곱씹은 몇몇 몸짓과
트집으로 갈기 세운 속내
웃음 스며들게 하는 꽃이다

더구나 높이 혼자 피는 일 없이

어깨동무하듯
발맞추듯
햇살 젖줄에 나란히 꿈 달아 놓듯

즐거운 하나 되게 하는

내 어릴 적 동무 같은 꽃이다.

나비

꿈과 꿈 사이
간격 엿보지 않는
자유의 화신

빈 잠

낮달 같은 여자 한나절 잠을 채운다

찌그러진 양푼 같은 얼굴로
불 붙인지 오래 된 석유난로 같은 몸뚱이로
구석 물린 햇살 끌어당기면서

生의 굴곡 잊어버린 듯
싹둑싹둑 잘린 나무토막 같은 꿈
잠꼬대에 떨어뜨린다

웅얼웅얼
호명될 수 없는 잠의 민낯
적요 파먹고 있다

이현원

11월에 쓴 반성문 외 2편

옆에 동행이 있었음을 몰랐네
높은 산을 넘을 때나
넓은 강을 건널 때도 혼자였네

앞만 보고 외길을 달리니
옆에 반려자가 있는지 모르고
온누리에 오직 나 혼자인 줄 알았네

11월이 되자
남은 한 장 달랑거리는 카렌다
비로소 지난 발걸음 되돌아보고
나의 동료가 있음을 알았네

철길같이 언제나 나란히 달리고
모른 척 각자의 길만 가며
둘 다 외로움에 지친 지난날
하늘이 갈라놓을 때까지
떨어지지 말고 붙어살기로 했네.

마스크와 페미니즘

노출인가
시위인가
브래지어들 거리에서 펄럭인다

하양, 노랑, 검정
새 부리처럼 봉곳이 솟은
패션 여인을 자랑하며
당당하게 군중 속을 활보한다

알몸 아닌 알몸의 페미니즘 물결
순간순간 눈요기에 만취되는 사내들
흘끔흘끔
히죽히죽
웅크렸던 지구의 깊은 골짜기가 들썩인다.

뻐꾸기의 탁란

숫 뻐꾸기와 뱁새 암컷이 눈이 맞았다 뱁새 암컷은 잉태한 새 생명의 출생에 대한 기대에 밤잠을 설칠 지경이었다. 뱁새 수컷도 덩달아 춤을 추며 즐거워했다 뱁새 부부는 관목 위에 지푸라기를 물어다 둥지를 틀었다 뱁새 암컷이 둥지에 세 개의 알을 낳았다 그 둥지에는 당초 세 개의 뻐꾸기알만 있었는지 아니면 그들 부부의 알이 더 있었으나 밖으로 떨어뜨렸는지는 얘기를 하지 않는다 알이 부화한 후 뱁새 부부는 먹이도 물어다 먹이고 바람이 불면 날아갈까 품으로 새끼를 보듬으며 키웠다 나중에 뱁새 수놈은 자라난 새끼 세 마리 모두가 자기를 닮지 않은 뻐꾸기임을 알았다 덩치도 크고 색깔도 다르기 때문이다 뱁새 암놈은 남편이 이 사실을 아는지 모르는지 자기 새끼라고 정성을 다해 기르기만 했다 숫 뻐꾸기는 뱁새 집 주위를 날면서 뻐꾹 뻐꾹 소리를 내며 내 새끼 잘 크냐고 뱁새 암컷과 내통을 한다 뱁새 수놈은 아내의 배신에 이를 갈면서 친자확인 검사와 함께 상간남에게 손해배상소송을 하는 중이다.

이형철

외할머니의 카네이션 외 2편

장 보다가 사 오셨다는
머그잔만 한 바구니에 담긴 자그마한 카네이션 다발

그 카네이션 바구니를
두 손으로 꼬옥 감싸아 잡는 어머니

- 이거 할머니 카네이션이야,
외할머니 거

나지막한 목소리로 이야기하시곤
가만히 카네이션을 바라보는 어머니의 모습

30년이 흘러도 그리운
30년이 흘러서 더 그리운

어머니의 어머니,
외할머니의 카네이션

별똥별

차 유리 지붕에
빗방울이 구슬구슬

아이는 유리 지붕에 방울방울 맺히는 빗방울이 참 예쁘다고 했다

차가 달리자
아이가 말한다

별똥별이 엄청 많다고
별똥별이 많으니 소원을 많이 빌 수 있겠다고
모든 소원 이룰 수 있겠다고

아이는 행복하게 웃는다

같은 길

산을 오르다가
뒤돌아본다

같은 길인데
오르며 볼 때와
뒤돌아볼 때가 사뭇 다르다

내 앞에 너만 바라보았는데
그게 전부인 줄 알았는데
내 뒤에서 나를 바라보는
네 마음은 생각지 못했나 보다

그랬나 보다

장문영

단추 1 외 2편

어울림의 미학
바늘과 실없이
네가 어찌 예쁘게
돋보일 수 있으랴

제 몫을 다하면
조용히 물러 서 있다
필요할 때 서슴없이
도와주는 바늘의 인연

여밈의 목적
끝까지 지키자는
실과 단추의
묵언의 언약

서일 농원 양귀비꽃

줄줄이 경륜을 자랑하듯
시간을 품고 당당한 긍지로
제 몫 하는 크고 작은 장독대들
경건심이 일어난다

둔덕에 가득 핀 양귀비꽃
각색 비단 옷자락 하늘거리며
햇살 가마 타고 내려온 요정인 양
가녀린 몸매 노랑 빨강 주홍빛
꽃 등불 켜고 왔네요

명지바람에
나비 날갯짓하듯
여린 꽃잎 하느적 거리며
어여쁜 미소로
이렇듯 눈부시고 경이로운
환희심 안겨주는가

한들거리는 양귀비꽃 향연
몸에 봄 향기가 꽃구름처럼
솔솔 피어오르네요

연잎

연잎은 시골집 부엌
소박한 푸른 삼베
보자기 같고
청자 접시 같다

뜨거운 태양을 사랑해
둥근 얼굴은 닮은꼴이네
부드러운 달님 손길
어루만져진 보자기

별님 젖은 눈빛
먹구름 가득 품은 접시
밤엔 반짝이는 별님
한 쟁반 담아내고요

맛깔난 오곡밥
곡식들 마음까지
푸른 보자기에
차곡차곡 싸서
정성스레 청자 접시에
담아내지요

가을이고 싶습니다 외 2편

가을이 오면
삶의 언저리를 멀리 떠나고 싶습니다
텅 빈 가슴으로 향한
애환의 그림자

누군가를 향한
얇은 외침으로 들려옵니다
삶의 행상으로 어딘가를 헤매는 기억들
어스름 녘
머물 곳 없는 메마른 슬픔입니다
초저녁 달빛도 얼굴을 붉히며
공허마저 품습니다

산 넘어 불어온 바람도
죽음보다 먼 곳으로 떠나면
비린 계절의 목소리만 남겨놓은
저만치 다가선 가을이고 싶습니다.

길바닥에 대한 단상·1

종로5가의 7월
태양이 핥는 아스팔트 옆으로 줄지어진 좌판들
커피와 찐빵을 손에 쥔 채 거리에 숨을 곳이 없다.

그 곁을 지키는 중고 레코드 포장마차에
엔니오 모르코네와 다이애나 크롤의
노래가 흘러나올 것 같은 흑백영화가 펼쳐진다
오래된 작곡가와 스타 뮤지션의 조화는
허튼 접근을 허용하지 않는 버전들일까
산뜻하게 편곡하고 격한 리듬의 분절도 매력인
낡은 레코드표지 그림을 한껏 강조하고 있다

잠시 잿빛 구름이 노인의 주름을 깊게 만들고 있다

길은 언청이처럼 갈라지고 새로 태어나도
유행성 볼거리처럼 길바닥 위에 머물고 있다

그 틈으로 쳐다보는 희미해져 가는 눈망울은
온종일 태양을 겨눈 손가락 고무줄 총 총구이다

그동안 끈질기게 괴롭히던 이명이 또 들리는 오후

다시 장마가 시작된다는 소식이다.

조촐한 여정

여보, 나이 들어 평생 다닌 회사를 은퇴하니 돈 구경하기가 힘드오. 그래서 궁여지책으로 이곳저곳에서 얄팍이 일하며 알량한 돈 몇 푼씩 받는 것마저도 모두 온라인으로 당신에게 송금되니 요즘 들어 주머니가 더욱 궁색해진다오. 어쩌다 문학작품 심사라도 있어 몇 푼 받아 당신 몰래 책장에 꽂힌 책 중 작고한 천상병 선생의 시집에 감추어 두면서 괜히 아랫도리가 찌릿한 흐뭇함도 들었다오. 그런데 돈 몇 푼이 하얗게 가신 선생님에게 영 죄를 짓는 것 같아 다른 책으로 바꾸었는데 도무지 기억이 나질 않는구려. 그래서 당신에게 말도 못 하고 끙끙대며 책장에 잔뜩 꽂힌 동서고금 서적을 뒤져보고 소설책, 수필집, 시집은 물론 두꺼운 경영학 교재까지 모조리 뒤져도 못 찾았다오. 이마에는 진땀이 나고 눈에는 쌍심지가 돋아 올라 목뒤가 뻐근해지는 걸 느꼈다오. 저녁에 죽마고우를 만나 술 한잔하기로 한 날인데 말이오. 그때 "뭘 찾으슈"하고 묻는 괜한 당신에게 말도 못 하고 소파에 털썩 앉으며 TV를 켜고 건성으로 신문도 들여다보았었소. "여보 친구 만나러 가게 돈 좀 줘-"하자 "돈 없어요-"하는 대답에 주눅이 들었다오. 서글프오, 사내의 삶이 끌려가는 비극적인 것 말이오. 평생 밥벌이의 지겨움에서 벗어나 조촐한 가난이라도 벗고 이것저것 소일하며 여생을 보내고 싶었다오. 우리는 지금도 돈의 지엄함에 고개를 숙일 수밖에 없나 보오. 이 각박하고 험한 세상에도 난지도 갈대숲에서 날아오른

새들은 이 쓰리고 아픈 세상을 훌쩍 뜨는데 당신과 나는 비정하고 흉흉한 이 세상을 별수 없이 엎드려 있나 보오. 갈대숲을 떠난 새들은 한강을 가로질러 산을 넘고 바다를 건너 아프지 않은 세상을 찾아가는데 말이오. 당신과 함께 걸어온 외줄 인생 42년이 어제 같은데 그 여정을 가슴에 안은 당신과 나의 삶은 돈벌이의 엄중함에 눌려 세상에 뜬 헛말과 빈말에 휘둘린 중구난방이었구려. 여보, 이제는 우리 돈 없어도 꿋꿋하게 살아가요.

산국, 감국 외 2편

장재흥

젖은 양말 신고
강가를 뛰놀다
밥 때 놓친
철모르는 아이

노란 꽃송이
새색시 얼굴 같아
그 고운 모습으로 찬바람 어찌 이겨낼까

산국화여 돌아가자
햇볕 따스한 가을날에
추억 깃든 그곳으로

꽃 몽우리 수줍게 터지던 날
내 님 얼굴
붉어지던 그곳으로

괭이밥

장독대 돌 틈 피어난 꽃
들 고양이
조심스레 지나가는 길목에
피어난 노란 괭이밥 꽃

들 고양이
눈길한번 주지 않는데
사랑초 작은 꽃잎처럼
오매불망 기다림에 지쳐도
그저 그리움도 일상이 되었다.

어쩌다 남의 밥이 되었을까
나뭇잎 다 떨어진 겨울 문턱
괭이밥 노란꽃잎
바람에 떨고 있어요.

자선냄비 종소리

뎅그렁 뎅그렁
에밀레의 종소리가 이보다 더 서글플까
문 닫은 소상공인, 길거리 노점상뿐 아니라
대학생 알바도 하루아침 실직자가 되었다.

뎅그렁 뎅그렁
'어려운 이웃을 도웁시다', 봉사자의 외침에
서러운 날 살아가는 어느 술 취한 중년
내가 어려운 이웃이다. 하소연하는 날
뎅그렁~ 에밀레~ 뎅그렁 에밀레 에밀레
서글픈 종소리 거칠기만 하다.

외줄타기 곡예사처럼
질곡의 인생이야기 들려줄까
자선냄비 통 안에 수많은 사연들
오늘은 서러운 날이니
조금 일찍 철수할까
뎅그랑 뎅그랑
대박 냄비가 빨갛게 달아오른다.

전순선

가슴이 미는 말 외 2편

우리 몸에는 입이 있어
그 입으로 먹기도 하고 말도 하지

조그마한 입을 움직여
내 감정을 전하기도 하고
상대의 감정을 느낄 수도 있거든

또 현란한 말솜씨로 관중을 사로잡기도 해

헌데
저 깊은 곳에서
가슴이 미는 말을 들어 봤어
가슴이 하는 말을 들어 봤어

조금은 서툴어도
가슴이 미는 말을 들었을 때
내 가슴이 먼저 반응을 하거든

가슴이 없는 입은, 날마다 어떤 말을 할까
오늘도 풍선처럼 세상 입들 둥둥 떠다니는데

바람의 희로애락

바람도 숨고르기를 한다
무작정 직진으로 몰아쳐가다가도
굽은 길을 만나면 제 몸 꺾어 휘돌아 갈 줄 알고
잠시 들녘에서 명상하며 쉬어갈 때를 안다

사람들은 사계四季바람이
천지사방 가득한 무한한 공것이기에
철따라 바람결에 녹아있는
그들의 감성 따위에 무덤덤할 뿐이다

언제부턴가
인간은 만물의영장이라며
겸양치 않은, 완전치 않은
심판자의 표찰을 가슴에 붙이고는
정작 만물의 움직임과 숨결들을
사려있게 통찰하지도, 느끼지도 못하면서

종종 바람의 감정을 오판할 때가 있다
한 생을 바람으로 살아가는 저들의 희로애락을,
우리 모두 바람인 것을

숨

말랑한 말을 만들기 위해
언어와 언어 사이에는
부드러운 공기를 넣어야한다
허공에 우글거리는 말
몸통 깊숙이 저장하여
숙성된 언어들을
내 작은 입술이
들숨마중으로 불러낸다
아주 드물게는
숙성되지 않은 언어들이
공기를 격하게 흔들어
놀라게도 하지만
평정을 찾을수록 공기는
몸 안에서 착한 숨 돌기를 한다

훈민정음 외 2편

환한 대낮
낫 놓고 ㄱ자도 모르는 까막눈
바른 소리로 깨우치던 님의 말씀

세상 찾아 가는 길
더듬거리는 사람들 위해
낫 들고 가시덤불 베어, 길 틔우신
님의 초행初行길

사랑의 길

너에게 가는 길
묻지 않아도 빤하다

눈을 감아도
빛 하나 없는 깜깜 절벽이어도
빨간 장미꽃
가슴에 끌어안으면
뜨겁게 뜨겁게 타올라
환하다

사랑이란?

너를 알고부터
붉으락푸르락
밤 샘 몸살을 앓고 나서야
사랑은
처방전 알송달송한 고통인 걸 알았다

둥글납작할까
알록달록할까
모양도 없고
색상도 없는
바람인 걸 비로소 알았다

정순

파도야 외 2편

파도가 치고 간 자리
밀려갔다 밀려오는 쏴 소리에
모래톱이 허리를 굽히며 물러섰다

태평양 연안 제주의 해변에서
넘실거리는 에메랄드 수평선을 바라보며
맑고 투명한 그 속내를 보았다

내 생애에 항상 파도치던 사람아
오늘도 포말로 부서지며 달려오는 내 연인아
밀물과 썰물로 밀당을 가르쳐 준 그대
멍들기도 싫소 도망가기도 싫소

갯바위가 바다를 품으며 동행하고 있소
내 평생 그대와 함께 갯벌의 목숨들과 벗하며 품어 볼까 하오
석양에 곱게 물든 겨울바다의 이 풍경 속으로
그대를 맞이하고 싶소

어떤 부부

부엌에서 쓰던 무쇠 식칼이 부러졌다
신혼집을 마련하고 사 왔으니 30년은 썼다
무뎌질 때마다 숫돌에 갈면
예리한 칼날이 번쩍거렸었지.

내 몸의 일부분처럼 일부종사하더니
햇수가 갈수록 닳고 작아져서 사라질 위기

우리 집사람 시집살이 갱년기까지 넘기더니
집안의 이순신 상 장군이 되어
집 안팎살림 갈고 다듬는 솜씨 달인급 일휘소탕

아서라
아내 허리 부러지면
내 인생 진토 된다.

임

그대 마음이 산 같아서
산을 찾을 때마다 그대를 만난다

계곡 물소리 철철여울목에 첨벙
폭포로 솨 떨어져도
산새에 이는 작은바람
품속인 것을

봄, 여름, 가을, 겨울
철 따라 반겼던 자취
맑은 물속에 헹궈
환히 마음 열어 보이는 이여

산속에 잎잎이 단풍들어
바위틈
옹달샘 가
얼비쳐 따라가면
모르고 지은 죄 용서받을 수 있을까.

여름 추억 외 2편

초여름 햇살 바다 위로
펼쳐진 고향 바닷가
철썩이는 파도 따라
쏟아내는 웃음소리
푸른 꿈 다시 새긴다.

단발머리 찰랑이던
어린 시절 추억하며
빨갛게 익은 해당화 열매
손안에 하나 가득,

솔향기 은은하게 피어나는
해솔길 걸으며 까르르르
옛이야기 파도에 실어
추억으로 넘실거린다.

세월

이른 아침잠을 깨우는
찬 서리
옷깃을 여미게 하고
엷은 햇살 받은 창가에
쪽빛 비추는 희망으로 온다.

또다시 흘러가는 시간 잊은 채
그 자리에 서성이며
무심한 듯
밀려오는 긴 한숨
나의 어깨를 살며시 누른다.

얼마나 흘렀을까
얼마나 달려왔을까
삶의 시간들,
구름 따라 그림을 그려 낸다

황금 빛 노을
가득 담아낸
식탁 위

세월의 무게로 빛을 토해내는
행복의 열매가
이 가을 끝에 서 있다.

고향

여름 햇살에 익어버린 들판
뽀얗게 살이 오르고
저만치 피어오르는 연기
입안 가득 달달한 냄새가 난다

뒤뜰의 감나무
바람에
곱게 물들고

담 넘어 촘촘히 열린 대추
비단 옷으로 갈아입고
붉은 미소 짓는다.

이 가을
하늘 끝은 어디인가,

구름과 맞닿은 황금물결
잠자리 떼 맴돌며 축제를 열고
참새들 모여 흥겨운 수다를 떤다.

길 따라 노랗게 영글어가는
이 계절, 그리움이
추억의 무지개로 피어난다.

정해현

소리의 추억 외 2편

오른 쪽으로 돌아 들어가
왼 쪽 모퉁이 돌며 나오는 소리
얇은 테이프

한여름 밤
먼 풀벌레 소리 위로 흐르던 AM 라디오 노래

웃기고 울리며 나를 키운
소리, 소리, 소리

네 목소리 듣고파
내 안에 쌓기만 한 소리
하늘로 흩어져 자취도 없는 소리 찾아
헤매기도 했건만

안의 소리 깨워 내고
가버린 소리 불러 모아
직조한 날개옷을 입으면

비로소 듣고 나며
소리들 편안해 질까

붙잡지 말 일이다
추억은 자유로워야 아름다우니.

다시 봐 주세요

나를 미워하나요?

가슴이 답답해요
쓰리고 결려요

그리 여려 뭐에 쓰겠느냐 시지만
어떡해요, 정말 그런 걸

웃는 모습 보지 않으면
사는 맛이 없는 걸요

싫어요
알 수 없는 표정과 몸짓

슬프고 힘들어요
정답게 살고 있지 않아

꼭
당신의 웃음 되찾고 싶어요.

꽃을 보려면

시간이 필요하다

기다리는 시간

다가가는 시간

바라보는 시간

마침내
마주 웃는 시간

그리고
함께 새소리 듣는 시간.

조경순

가을소리 외 2편

그대 누워있는
창가에도
나뭇잎이 살며시 어리대는
소리 들리는지요

연한 미열 일어
가을을 속삭여 여는
여름 열기를 또닥거리는

그 품위에
내 쓸쓸한 마음
하나 기대고 있음을
어찌 알고 있으리오.

남겨진 이 시간

봄여름 가을 지나면
겨울의 차가움에
바람개비 밀며
온몸 날려 절정에 뛰던 그때는

이제
끈끈한 삶의 주름 위
찬란한 은빛 머리카락 나부끼네
선연한 햇살에
바람 붙들고 서 있는
모습 하나가

언제 노을 곁에
가을의 스산한 침묵으로
멍한 눈망울 젖어있네

한 번도 와 보지 않은
이 낯 설은 길에
세월의 낙엽들이 즐비하게 누워

절묘한 시 한 수 엮어
종이 위에 놓아야 할 것이다
다시 올릴 없는 그 잎새들을!

왕만두 한 도시락

망년회로
넓은 카페에 현악의 중주
태풍 같은 음악이 줄을 타고

긴 인형에 빛 방울이
현란하게 출렁인다
질기도록 매달려 있는 색소
부서지도록 하루를 떨쳐본다

드럼 막대 튕겨 오르고
야심한 밤 사자의 울음같이
허공을 향해
빛을 비겨 가는 소리지고
그림자 멈추니
손에 따끈한 왕만두 한 도시락

오랜 세월 외국 특파원 공헌에도
새싹 마음 숨겨져 있었네
감사의 마음 위에

희미한 가로등불 길을 덮고
내일을 기대는 달 빛 또한

차가움이 살갗에 미끄러진다

깊어 가는 밤을 밀어내는 지하철
말없이 내 앞에 머문다
집 가는 발을 올린다.

언저리에서 외 2편

헤집어 엷어진 시간
다시금 비릿한 비늘로 꿈틀거린다

생각이 떠다니다가 부패해지는
원래 내 것이었던 그때그때
밟고 밟히며 지나가려니 하다가
그 많던 숨들이 깨어나 둥둥 조여온다

살아낸다는 약속
생을 벗겨내는 질긴 숨결 돌아
어쩌지 못해 울부짖고
어쩌지 못해 뒹굴며 울부짖고

하루하루 상여꽃 닿을 수 없는 거기로
썩을 육신 묻을 구덩이 파다가
삶이 온통 악몽이라서
먼 길 몽유도에 갇혔다

죽을 만큼 그런 날에 생은 짧아지고
견뎌야 한다 한다 하다가

이성 잃은 광기로 속울음 통곡으로
갈 길 잃었다

인연의 눈부처들
나, 떠돌면

세월의 나이테를 거꾸로
스멀스멀 늙다리 기억벌레로 진화하여
서툰 헛짓거리 가없이 누구라도
넘치듯이 안아주기를

세월

아무것도 움켜쥐지 못하고
헤적이는 앓이

어제 그리고 또 어제
할딱이는 숨결 버겁다

허락한 감미로운 지옥이
당연히 날아가 버린 천국이
엉켜 버렸다

너는 잡는 것 아니고
나는 찾는 것 아니고

공허의 무게 못내 못 견뎌
성불하지 못하는 헛되이

마디마디 탄식의 소리
애당초 아픔이었다

누룽지를 만들며

누룽지를 먹는 것만큼이나 만드는 것도 맛있다. 지금도 구수한 냄새에 업혀서 먼 길을 간다. 단순하게 생각하면 누룽지는 힘들여 태운 밥이다. 하지만 누룽지는 결코 밥이라 단정 짓기 싫은 배부른 허영이라 해도 괜찮다. 주식인 밥이 평생 동반자 목숨줄이라면 누룽지는 잊지 못하는 정겨운 사람의 숨결 같은 나에게는 엄마의 사랑법이다. 몸이 아픈 듯 밥 먹기 싫다고 투정 부리는 날 따끈하게 끓인 누룽지에 상큼한 무김치 한쪽을 어서 먹으라던 엄마표 별식에는 묘한 치유의 맛이 깃들어 있었다. 세상 어떤 음식도 부럽지 않게 언제라도 걸쭉하게 풀어진 뜨끈한 누룽지 물을 마시면 오장육부의 심오한 열기로 살맛을 찾던 그 기억은 시들지 않는 엄마의 어부바다. 식기 전에 어서 먹으라 재촉하던 엄마의 성화가 노래가 되어 맴을 돌고 그 사랑을 움켜쥔 좋은 날은 다시 세상 풍경이 싱싱해진다.

시험을 보다가 외 2편

우리 삶이
시험이었으면 좋겠다

살다가 때로는
실수했던 일
사람을 미워했던 일
시기하고 질투했던 일
부모에게 대들었던 일
자식에게 매를 들었던 일
편견을 갖고 사람을 대했던 일
남을 함부로 얕보았던 일
게으름 때문에 놓쳤던 일
공부해야 할 때 놀았던 일
꼭 만나야 할 사람을 피했던 일
기도하지 않았던 일

지우개로 지우고
수정 테이프로 정답을 바꾸듯
우리 삶도 지우고 고치면서
그렇게 살았으면 좋겠다

봉숭아 꽃물

사알짝
건드려도 터진다길래
몰래 훔쳐보다
들켰다

봉숭아 꽃

가을 그리고
엄마

붉은 손톱으로
부활하시다

시조

희망을 보다

평소에는 큰 것들을 제일이라 여겼는데
코로나를 겪고 보니 소소한 것 행복이라
이제는 코로나에서 벗어나게 하소서

코로나 팬데믹으로 힘들고 어려워도
이 또한 지나가리 간절히 기도함은
사람은 절망보다는 희망으로 사느니

조은설

그리움의 불씨 꺼내 점등을 하다 외 2편

짧은 가을 해가 덧문을 걸어요
올해는 고추 당초 매울 거라는 겨우살이
한 무리의 철새들이
정든 도래지를 떠나려 해요

품속 깊이 묻어둔
그리움의 불씨 꺼내 점등을 하고
바람의 갈기엔
두 날개를 꼭꼭 비끄러매지요

한 바퀴 호수를 돌며 나이테를 감은 후
젖은 눈으로 인사를 하지만
잠시 다녀올 길, 아무도 떠난다 말하지 않아요

새벽이 오면
차렵이불 꺼내 덮어주던 물안개,
잘 익은 노을의 쇄골이 얼비치던
까만 눈동자들
수만 킬로 여행길의 연료가 될 거예요

머릿속에 그려둔 지도, 그 검은 입속으로
풍덩 풍덩
뛰어드는 철새들

한 옥타브 목울대 끌어올릴 때마다 쏟아지는
비릿한 갯내음들
물소리들
등 푸른 날갯죽지 힘껏 밀어 올려요

흰 고무신 한 켤레

묵은 책 더미 속에서 찾아낸
일기장 한 권
삐거덕, 녹슨 문 열어젖히자
빛바랜 줄글과 줄글 사이
고샅길 하나 열렸다

추억의 얼레에 감아둔 그 길 끊어질까
조심조심 풀어내며
나는 천천히
그리움 쪽으로 온 마음을 기울였다

보름마다 살찐 달 하나씩 삼키던
향나무 그늘 속 우물이 있는 그 집
아홉 살 계집아이
까치발 디뎌 간신히 넘겨다보던 돌담 너머

댓돌 위엔
울 할머니 흰 고무신 한 켤레
지금쯤 별 밭 한 뙈기 콩밭 일구시다가
문득 바라보고 또 바라보실

새벽이 이내 속을 맨발로 달려와
할머니, 서러운 시집살이 삶의 문고리마다
물소리 걸어두고
고무신 속에 슬며시 발을 넣어보았을

내 낡은 일기장에 갇힌 울 할머니
흰 고무신 한 켤레

배롱나무 속눈썹 사잇길에서

8월은
배롱나무 꽃가지
눈시울 뜨거운 계절

속눈썹 길면 수줍음도 많다던가
귓불 은은히 물들이며 꽃잎 말아 쥐던
한 그루 미모사 같은 그녀

그때 알았다
부끄러움의 빛깔이 분홍인 것을

도시로 전학 간 뒤
빈 책상에 놓아주던 배롱나무 꽃가지 하나
가끔 창을 열고 들여다보던
속눈썹 사잇길엔 뻐꾸기 울고

누가 잃어버렸나 얼레빗 하나
서녘 하늘에 걸려있던 날

수십 년 광음을 건너 카톡에 닿은
지긋한 여인 하나
어디서 많이 본 듯
낯익고도 낯선

배롱나무 하얀 꽃가지 하나

바다 소리 외 2편

어머니와 함께 간 삼치구이 집
눈앞에서, 왕소금 골고루 뿌린 삼치
연기 파랗게 오르고 기름이 돌았다

어머니가 젓가락으로 노릇노릇한 살점을
집었다
"어여 먹어라"

등뼈와 탄 꼬리만 남을 때쯤
파도를 헤치는 소리
하얗게 박혀 있던 바다소리

팔순 어머니 목소리
꼬리를 지나 삼치 등뼈에
버릇처럼 걸터앉았다

보름달 기침

빈 가게 둘러보며 건물사이 달을 본다
집합금지로 장사가 안 되어
문을 닫은 지 서너 달
오래된 몸살에
마른기침이 올라온다

벌건 눈으로 입 가득 기침을 가둬놓는다
침을 삼키듯 이자만 냈는데
내일은 대출금 상환해야 하는 날,
기침이 목 뒤에 달라붙어
길게 애원하고 있다

"대출 상환일 연장해 주세요"
보름달처럼
기침이 터진다

대부도 바다

대부도 바다
수평이 흩어진 곳으로
썰물 따라 들어가 봅니다
발바닥을 적십니다
종아리를 접십니다

어둠이 깊은 바다
내려온 밤하늘이
고래가 되어 전파를 보냅니다

집이 없어 잡혀온 아이들
가난하고 배고픈 아이들
강제 노역으로, 피 터지는 고통으로
바다를 헤엄칩니다

대부도 썰물이 깊어지면
고래는 어른이 되지 못한 아이들의
이름을 부릅니다

갯벌에 갇혔던 아이들이 고래를 따라
하늘 위로 총총 올라갑니다

*아이들의 무덤_ 일제 강점기부터 부랑아소탕법으로 거리에서 아이들이 선감도에 끌려와 갇혀 지내다가 탈출하다 죽거나 잡혀 무덤이 됨.

최명숙

돌의 섬 외 2편

밭 한가운데 무덤을
사각으로 둘러싸고 있는 구멍 숭숭 까만 돌
언제까지나 지켜주겠다는 굳은 의지를 담고

집을 한 바퀴 뱅뱅 둘러싸고 있는 시커먼 돌담
바람이 부추겨도 가족을 지키며

섬을 둘러 기다랗게 이어진 돌성
파도 따라 겹겹이 쌓아
적도 막고 비바람도 막는다

이곳에선, 어디를 가나 왕방울 또는 가는 눈에
복코를 가진 돌하르방이 반갑게 맞아 주며
잘 오셨다고, 잘 놀다 가라고
꼭, 또 오란다

입춘에서 입춘까지

어느 순간 같은 행동이 반복되는 것을 보며
높이 쌓인 블록을 한 번에 깨고 싶은
이탈의 욕구가 스멀스멀 가슴까지 피워 올라
입춘 때, 추억이 쌓인 집을 떠나 섬으로 갔다

낯선 곳, 낯선 사람
신선한 풍경, 정해진 것이 없는 생활
입춘에 시작해서 대서까지
섬의 동쪽에서 일출봉을 보며 반년을 살았다

하늘, 구름과 바람
해가 잘 뜰지 흐리지는 않는지 여명은 좋을까
한라산이 보이나, 이머 구름모자 쓰셨네
중턱을 하양 구름이 휘감아 여인의 긴 머리 부분이 잘 보이네

시간이 갈수록 뭍에 있는 집의 그림자가 흐려지고
전에 하던 일들이 가물가물 해지며
섬의 색깔에 물들어가다, 속살 더듬 더듬거리다
다음 입춘까지는 한라산과 그 주변을 마냥 찾아 헤맬 것이다

가을을 걷는다

선선한 바람과 앞서거니 뒤서거니 물을 보며 걷는다

바람에 온몸 흔드는 갯강아지풀, 보라 순비기꽃을 스치며 걷는다

해 질 녘 구름 속 빛내림의 방향을 좇아 걷는다

홍자색 해당화 노란 꽃술이 바람에 날려도 무심히 걷는다

그리운 얼굴이 떠올라도 바람에 실려 보내고 천천히 걷는다

어둠이 내려도 바람에 휘청거리는 키 큰 야자수 보며 그냥 걷는다

왕귀뚜라미 울음 길동무 삼아 북극성을 찾아 묵묵히 걷는다

구월 바람 외 2편

최수경

소매 끝을 끌고 가는 가을 내음
푸른 들녘 어디쯤
벼 이삭 뾰족이 빈틈없이 나오고
며칠 쉼 없이 내리던 비 그치더니
강렬한 햇빛이 알곡을 여물리고 있다

임진강 윤슬이 아름다운 유혹
카페 창을 연다
저만치 황포돛배에 나그네 서넛
하늘빛 담은 파란 물 위를
미련 없이 돌아 나간다

찌는 더위를 날려버리고
빨갛게 익어가는 홍옥처럼
구월 바람이 연신 맛있다
덩달아 살랑대는 코스모스
너도 사랑스럽다

오늘은 비

푹푹 찌는 더위
한 소나기 간절한데
내 마음이 하늘에 전해졌는가
검은 구름은 바람까지 몰고 와
시원하게 퍼붓는 소나기

인생살이가 이렇게 적재적소
원하는 만큼만 내 곁을 지켜준다면
지난 폭우로 훼방이던 그날은 용서가 된다
아무리 힘들고 어려웠어도
조용히 뒤돌아보면 그럴 수도 있으려니
한없이 너그러워지고 편안해진다

전깃줄에 앉아 비 그치기를
기다리는 비둘기를 위해
후줄근히 젖어 고개를 떨군
황 홍색 능소화를 위해
나의 양보는 맑은 날이다

입동

일기예보 정확하게 비가 온다
바람까지 세차게 불면서
멀리 있던 추위가 달려오고
예쁘게 매달려 있던 단풍
지상에 마지막으로
꽃 잔치를 마당에 펼쳐 놓는다

가로수도 너 나 없이 꽃길을 만들어
가을을 배웅 하는구나
다시 보자 손을 흔들며
전에 없이 촉촉해지는
나는 벌써 그리움에 아프다

익숙해도 낯선
몇 번일까 숫자는
밀어내지 않아도 얇아진다
그대는 아직도 내 일기장에
변함없이 웃고 있구나
오늘 밤 첫 눈이 올지도 몰라

최수일

경북칼국수집 외 2편

고향의 옛 맛을 오붓이 담아내는 칼국수집
팔순이 훨씬 넘은 원조할머니가
주방 한켠에서 홍두깨로 국수를 민다
밀가루 반죽을 치대며
가게 안에 서려 있던 눅눅한 공기를 끌어 모아
반죽 속에 골고루 섞는다
반질반질 밀어, 넓게 편 반죽에
할머니의 주름진 시름도 밀어 넣는다
길고 두툼하게 포개 접어진, 밀가루반죽
할머니의 손은 밀알 속에 묻혀있던,
종달새 울음소리 한 소절 잘라내는 것일까?
날 선 칼로 반죽을 잘게 리드미컬하게 숭숭 썬다, 문득
여름날 저녁때 마당 들마루에서 국수를 썰어내다
끄트머리에 남는 국수꼬리를 떼어내
잿불에 살짝 구워서 내게 주던, 어머니
끼니를 잇던 일용직에서 밀려난 요즘도
니는 습관처럼 매일 꼭두새벽에 잠이 깬다
그날그날, 그냥저냥 흘려보내는 하루가
생의 국수자투리처럼, 길다
할머니가 도마에 새기는 칼질소리 운율에 맞춰
내 얼굴을 물끄러미 내려다보는, 어머니 눈빛
오늘따라 국수가 더 많이 당긴다

감천甘川 언덕배기 마을

수해 때 식겁하고
앞들 마을에서 감천이 내려다보이는 언덕배기로
이주해온 열두어 가구의 촌락
도지미 마을에도 해마다 봄이 찾아온다
아무도 눈여겨보는 사람도 없는데
정봉이네 뒤꼍에 살구나무가 봄을 화사하게 피워내고
숙이네 뒤란 개복숭아나무가 연분홍꽃잎을 바람에 날려 보낸다
혼자 사는 두리댁 흙담 아래
키 작은 골담초가 샛노란 버선들을 내건다
그렇게 봄이 피었다가 아무도 모르게 진다
뒷골 봉천답에는 일꾼 두엇이
때 이른 벼못자리 만드느라 허리 못 펴고
공동묘지 옆 묵정밭엔 아낙 두잇이 김불 긷어내느라 바쁘고
뿌리에 힘을 드리기 시작하는 보리밭
긴 이랑에선 계집아이 셋이서 냉이를 캐고 있다
가까운 딧밭에선 덕칠이 할매가 상추랑 오이씨 피종올 하고
이장 댁 누렁이는 별채 양지쪽에서 하품을 하고
뒤뜰에는 암탉 한 마리가 병아리들에게
주전부리를 챙겨주느라 북데기를 헤집고 있다
마을 언덕바지에서는 아이들 네다섯이
가랑이에 짚단을 받치고 미끄럼을 탄다

미끄러져 내려올 때마다 누런 먼지가 풀썩풀썩 일고
아이들이 깔깔댄다
툇마루에 걸터앉아 바라보면
일꾼들은 일꾼들대로 아낙들은 아낙들대로
나무들은 나무들대로
모두 제 할 일에만 정신을 쏟는다
흘러가는 구름도 제 갈 길을 간다
봄나들이 나온 낮달도 무심하다

샌드백

어릴 때 세 들어 살던 다세대주택 빈터
기둥에 매달린 샌드백 하나
아침저녁 젊은이들이 주먹을 단련했다 어떤 때는
오가던 사람들이
툭툭 스트레이트나 잽을 날리기도 했다

수없이 얻어맞은 샌드백, 나중엔
구멍이 나고 모래와 톱밥이 삐져나왔다

심하게 얻어맞거나 바람에 흔들릴 때마다
삐걱대는 걸고리 쇳소리가 마치 우는 것 같았다

어느 늦은 밤
울음소리에 밖으로 뛰쳐나왔다
생전에 울 일이 없을 것 같았던,
더 큰 누이를 멀리로 보내고도 눈물을 보이지 않았던 엄니가
컴컴한 뒤란에 쪼그려 앉아 울고 있었다

그때 처음으로 알게 됐다
점잖은 줄만 알았던 아버지가
시도 때도 없이

중량급 욕 펀치를 엄니한테 날렸고
그 펀치를 고스란히 다 맞은 당신이
샌드백처럼 너덜너덜 해졌던 걸

바람이 세게 불던 어느 날
심하게 덜렁대던 샌드백이 풀썩 땅으로 떨어졌다

머위 쌈 외 2편

상처투성이 몸과 마음을
보듬어 줄 부모형제가 없어도
주저 앉을 수 없었다

손톱 밑이 시커멓게 물이 들어도
4남매 뒷바라지에 허리 펼 날 없었다던,
지난한 삶의 아픔을 지우듯
내일이면 푸른똥으로 쑤욱
빠져나갈 아픈 오늘이 아니더냐!

비탈진 골짜기 바득바득 살아낸
쌉싸래한 머위 이파리 위에
세상사 애환을 담아 쌈을 싼다

세상이 뭐라 하든
혼자서도 가야만 하는 길
얼굴 붉히더라도 툭툭 털고 일어나
입이 터져라,
머위 쌈을 싸먹는다

갯골생태공원

꽃그림 엽서가 그려진
나무의자에 앉아
익어가는 가을을 보고 있다

말하지 않아도 알 수 있을 것 같은
울긋불긋한 삶의 이야기
저만큼 펼쳐진 억새밭 물결이
한아름 쓸어 담고 하얗게 웃는다

긴 세월 함께 살아낸 눈빛처럼
서로의 손끝 닿을 때마다
부드럽게 전해지는 마음
실타래처럼 곱게 엮어,

인생의 가을도
아름답게 익어가기를
파란하늘에 띄워 보낸다

지칭개

사방에 널려있다고
함부로 다루지 마라
열기와 독을 내려주고
지친 간을 다스려주는
약손 이란다

고독한 사랑이라고,
어찌 하나뿐인 사랑을 포기하련가,
지치고 깨어지더라도
일어나 달려야 하는 것을!

* 지칭개_ 중부지방 이남의 밭이나 들에 흔하게 자라는 두해살이풀.

동고산성 외 2편

–후백제 견훤의 꿈을 엿보다

대동강 가 달려 말을 먹이고
고구려 평양성 문루에 활을 걸자.

변산 줄포만에 큰 배를 띄워
황해바다 건너 대륙으로 가자

승암산* 올라 북쪽 산의 미륵을 본다.
아, 백제의 꿈이 이글거리는 하늘 아래
남쪽 산 모악에 이르는 완산*의 땅을 살핀다

이 거룩한 산에 성을 쌓고
백제의 길을 따라 말을 달리자
백성의 피맺힌 절규에 귀를 기울고
오로지 그들 더불어
세상을 바르게 펼쳐보리*.

견훤*대왕이여,
순천만 마로에서 깃발을 달려
무진주에서 선언한 그대의 언어는
미륵정토 이 완산 땅에 뿌려져
혁명의 씨앗이 되었구려.

오백 년 후*
그대의 산성에서 뻗어난 발리산*을 타고
청년의 팔뚝 같은 힘줄에 피가 돌아
이목梨木*과 오목梧木을 타고 내려
아, 완전한 땅 정수리에 꽃 피우리.

* 승암산, 전주 시내가 훤히 보이는 주산, 동고산 혹은 중바위산이라 한다.
* 승암산 정상에서 미륵산과 모악산이 보인다.
* 완산, 지금의 전주, 완전한 땅.
* 바르게 펼쳐 보리, 후백제 연호를 '정개(正開)' 라 함.
* 견훤, 삼국사기, 제왕운기에 성이 이, 이름이 견훤이라 함.
신라의 탄압을 피해 백제의 성을 숨기며 살았을 것임.
* 오백 년 후, 892년 후백제 건국부터 1392년 이성계의 조선 건국까지.
* 발리산, 원래 이름은 발산. 전수이씨가 발원했나 해서 발리산 이라고도 부름.
* 이목, 목조 이안사와 이씨들이 살던 지명.

달궁의 전설

달이 둥실 떠 머무는 달봉 산마루 만복대
하늘 아래 떠 있는 궁성의 전설이 있다.

역사에 반야봉이라 부르기 전까지
두 장군이 황령黃嶺과 정령鄭嶺을 지키던
지리산 달봉 아래 마한馬韓 달족의 영토*가 있었다.

달봉에 뜬 큰 달이 슬며시 왕을 태우고
새처럼 내려와서 쉬고 간다는 달궁 계곡에
깊은 폭포와 여울 소리들 사이에
마한 백성 정령들의 외침도 섞여 들린다.

백성 중에 서역 힛타이트족 아니면
유방에 쫓긴 제나라 대장장이가 달을 타고
이 달봉에 내려 왔을까?

계곡의 바위를 녹여 쇠를 달구고
무기를 만들었다는 마한의 달족
칠십 이 년은 천하무적이었다.

성삼姓三재 팔령八嶺치 이름마다 배어있는 마한 장수들이

운봉까지 내려와 지켜낸 철의 부국이었다.

운봉 2천 년 왕들의 무덤들, 소슬한 구름 걷히면
달이 뜨는 어느 날엔 무덤들이 슬며시 열리고
만복대 하늘 왕궁이 슬쩍 모습을 보이는 날.

정령치 성삼재 넘는 사람들은
참말로 조심해야 할 것이다.

* 달지국(월지국)은 마한 54국 중 강한 왕국으로 효왕이 달궁을 짓고 지리산 일대를 다스림(서산대사 "청허당집" 외 문헌 기록).

* 마한의 장수들 성을 딴 지명.
장 장군은 정령치를 황 장군은 황령치를, 성이 다른 세 명 장수는 성삼재를, 그리고 여덟 명의 장수는 팔랑치를 지켰다고 함.

태화강 가 대숲을 걸으며

태고의 역사를 안고 흐르던 강가
어느 때 대나무 십리 숲을 이루었네

강 건너 병풍 같은 산 절벽엔 진달래꽃 붉게 적셔
신라 노인처럼 올라 그 꽃 따서 여왕에게 바칠거나

문득 대숲 바람이 휘익 부니
강 표면 햇빛이 은빛 가루되어 부서지네
물제비 같이 파동 그리며 강을 건너네

아, 바람이 대숲에 취해 강물을 희롱하는가
잿빛 두루미 한 쌍이 그걸 보다가 멈춰 서
언제 고기 잡을 거나 잊는 듯 하구나

관어대觀魚臺 바위에 서서 보니
이쪽 저쪽 물고기들 폴짝 폴짝 뛰어 노는데
만년 쌓인 변성암에 새겨 논 자라는 언제 기어 나오려나

만회정晩悔亭 툇마루 올라 옛사람처럼
태고의 강기운 입고 지친 몸 뉘이니
태화강에 저녁이 깃들어 오네

겨울이 온다 외 2편

가을이 깊어가고
낭만은 멀어지니
이상이 아무리 높은들
무슨 소용 있으리오
바스락거리는 붉은 갈잎소리
예전에는 가슴울리는 벗이었는데
이제는
추위가 올까봐 옷깃을 여민다
오호라! 무정한지고
내 어이
그 일을 몰랐을꼬

맹골의 첫눈

첫눈 내리는 밤
맹골의 어둠은 깊어간다
멀리서 고라니 우는소리
찢어지는 그 소리가
오늘따라 유난히 애절하다
어미를 잃었나?
님이 그리운가
건지산도 수정산도
잠이 들었는가
나도 꿈속으로 들어가련다

들국화

집 앞 골목길
노란 들국화 한 가지
반쯤 짓밟혀 울고 있네
경운기가 지나갔나?
반쪽은 살았는데
그래 차라리 따서 말리자
흰 눈 내리는 밤
따스한 찻잔에서
아름답게 다시 피게

해솔

동백 너처럼 외 2편

뚝 부러질 연정이라면
바람아래 숨죽인 돌멩이로 족하다
떨어져 붉게만 남을 애잔함이라면
해풍 속 반짝이는 초록 잎으로 족하다
꽃 잎 하나 길을 잃다 사라진다 해도
잔잔히 떠있는 윤슬만으로 족하다

단 한 번 마른 향 품고 기다려준다면
오르락거리는 코끝 숨쯤은 기꺼이 내려놓겠다

첫 사랑

달을 담아
별을 품자 하던 약속
까닭 없이 흔들리던 꽃이다

굽은 안개 길에 걸려
비밀스러운 입맞춤의 당부는
풀어헤친 풀꽃 향과도 같다

빛보다 빨랐던
모든 날
널 향한다

하얀나비

먼길 수척해진
내 정수리 흰 날개
나비의 노숙

당진 천 외 2편

자정이 지난 시간 창문을 열었더니
풀벌레 소리가 가득하다
가을의 문턱에서 길 잃은 흰 두루미
밤 깊은 줄 모르고 당진 천에 있다
달빛 풀어 싣고 흘러가는 물결은
떨리는 동공을 머물게 하고
가로등불 아래 작은 날개들이
작별인사 한다고 바쁘다
저만치서 새벽이 오려나보다
스피커에선 음악이 흐르고
손으로 얼굴 받치고 있는 여인
다리가 저려오는 것을 잊고 있다
눅눅한 허공 속을 가르고 지나가는
자동차 불빛들
빛을 이어주는 전신줄 아래
풀벌레 소리를 들으며
젖은 날 개 접고
천천히 걸어가는 흰 두루미

가을

녹색이 창창했던 나뭇잎에
가을이 쉬고 있다
풀벌레 울음소리 가득 담은
손금에 파란하늘이 물든다
가을바람이 쉬고 있는 가지에
하얀 구름이 걸터앉아
코스모스에 안부를 물으며
선홍 빛 노을을 기다린다

따스한 햇살의 사랑을 받아
탐스럽게 익어가는 홍시
파란하늘을 머리에 이고
잎새들과 속삭이며
그리운 이들에게 나누고 싶은 가을을
쭉쭉 뻗은 가지에 걸어 놓은다
어디론가 떠나가야 하는
철새들의 날개에 들국화 향기와
파란 물감을 묻혀 준다

고추 잎

따스한 햇살이 창문을 뚫고 들어오는 어느 봄날
고추모종 두개 심어 놓았더니
여름 내내 별을 닮은 하얀 꽃과 숲 같은 잎사귀는
나에게 실 웃음을 짓게 해주었다

초록의 작은 잎에 담아놓은 지구본
바늘구멍들이 셀 수 없이 많은
고추 잎
하얀 별이 촘촘하게 내려오고
파란 하늘이 쉬어간다

보일 듯 말 듯한 작은 벌레들은
녹색 눌결을 흡입하며 지구본을 만들어 놓았나
오늘밤 달빛이 지나갈 잎새에
지난여름의 추억을 담아본다

초대시 2

현미정

그대의 향 외 2편

그대는
방금
꽃밭에서 오셨나보다

그 향기
스며
꽃밭처럼 가득 피는 향

사는 게 뭔지

사람들은
가끔 말하지
사는 게 뭔지, 하고

산다는 것은
숨을 쉬고 있기에
그냥 살아가는 것일 뿐

특별한 이유 없어
단지 숨 쉬는 순간순간 생각이 달라서
살아가는 방법이 다를 뿐이지

생각에 따라
잘 살고
못 살 뿐

상사화

그대
보고파 따라가면
어찌 그리 야속하게
뒤도 한 번 돌아보지 않고
무심히 떠나시나요.

그대
고운 모습, 향기로운 숨결
애타는 그리움 넋이 되어
나뭇가지에 매달린 바람 되어
오늘도 그대를 기다려요

隨筆

도산, 춘원, 그리고 금아

정정호

인간이란 동물은 모든 것을 이야기로 만들지 않고는 못 배기는 "서사충동"이 있다. 그래서 사람은 "이야기하는 인간homo narrans"으로 정의 내릴 수 있다. 우리가 쓰고 짓는 모든 글은 본질적으로 이야기 구조를 가진다. 인간 세상은 신화·전설·민담·옛날이야기·동화·도덕 등 무수한 이야기들로 가득 차 있다. 이 수많은 이야기는 새로 만들어 낸 것이 아니다. 이미 있었던 이야기를 다시 쓰고 새로 만들기를 통해 끊임없이 차이를 드러내며 반복된다. 이런 의미에서 이야기는 언제나 새롭게 태어난다. 오늘 나의 이야기도 그중 하나로 이야기의 이야기다. 최근 수년간 나는 현대 한국사에서 특히 도산 안창호(1879~1938)라는 인물의 이야기에 깊은 감동과 흥미를 느끼고 있다.

물론 어느 날 갑자기 도산 선생을 알게 된 것은 아니지만 직접적 계기는 시인이며 수필가인 금아 피천득(1910~2007)의 도산에 관한 수필을 읽으면서다. 도산을 직접 만날 수 있으리라는 기대로 상하이로 유학을 간 피천득은 결코 환멸을 느끼지 않은 경험이 도산을 처음 만났을 때와 금강산을 처음 바라보았을 때라고 말했다. 그렇다면 피천득 자신이 직접 도산 선생에게 다가갔을까. 아니, 두 사람 사이에 춘원 이광수(1892~1950)가 있었다. 나의 도산 이야기 시작은 피천득을 통하지만, 피천득은 이광수가 스승으로 여기고 따랐던 도산의 이야기에 매료됐다.

10세 이전에 부모를 모두 여의고 고아로 자란 금아 선생은 중·고등학교 시절에 3년 가까이 춘원 집에서 지내면서 영어와 문학을 처음으로 배웠다. 이때 피천득은 이광수를 통해 1920년대 당시 국제도시였던 상하이에서 독립운동을 하던 안창호 선생 이야기를 들었다. 춘원은 1919년 3·1 운동 후 상하이로 망명해 도산 밑에서 대한민국 임시정부 일을 돕다가 귀국한 후 도산 선생을 깊이 존경해 흥사단의 국내 조직인 수양동우회 활동을 하고 있었다. 이렇게 해서 피천득-이광수-안창호 이야기의 계보가 드러난다.

피천득은 "나는 과거에 도산 선생을 위시하여 학덕이 높은 스승을 모실 수 있는 행운을 가졌었다. 그러나 같이 생활한 시간으로나 정으로나 춘원과 가장 인연이 깊다"라고 말할 정도로 춘원에게서 인생과 문학의 큰 영향을 받았다.

이 세 사람의 인연은 기이하게도 오늘의 나에게도 이어졌다. 수년 전 나는 우리나라 근대 문학의 건설자인 춘원의 전집을 사서 읽기 시작했고, 춘원 연구학회에서 논문 발표도 하여 학회 고문으로도 추대되었다. 춘원이 1921년 발표한 「민족 개조론」은 결국 도산 선생의 민족운동 사상을 공감하여 쓴 글이다. 춘원은 1923년 도산을 모델로 「선도자」란 소설을 썼고 후에 『도산 안창호』란 전기도 집필한 바 있다. 나는 매년 9월 서울에서 개최되는 춘원 연구학회에 참석하고 있다. 학회에는 현재 미국에 거주하고 있는 춘원의 막내 따님 이정화 박사가 참석한다. (그는 1955년 출간한 『아버님 춘원』으로 유명하다.) 나는 해방 직전부터 춘원이 농사를 지으며 살았던 사릉집과 그의 유적비가 서 있는 양주 봉선사도 방문했다.

요즘도 시간 나면 오래 전 헌책방에서 사들인 10권짜리 이광수 전집(삼중당)을 뒤적이며 춘원의 시, 수필, 논설, 소설을 읽는다. 말년의 친일 행적으로 문필가로서, 사상가로서 춘원의 전 업적이 제대로 평가되지 못함은 너무 안타까운 일이다. 나는 시대를 초월해 보편에 이르는 시각으로 다시 읽어보고 싶다. 도산 안창호 선생은 1913년 미국 샌프란시스코에서 국내외 조선 민족의 새로운 독립 국가 건설을 위한 "무실역행務實力行"을 목표로 흥사단興士團을 창립하였다. 안창호 선생은 교육을 많이 받았거나 저술을 별도로 남긴 분은 아니지만 나는 시인 주요한이 집대성한 천 쪽이 넘는 『안도산 전서』를 가끔 읽으며 선생을 알아가고자 노력한다.

좀 더 일찍이 안창호 선생을 알게 됐거나 흥사단 단원이 됐더라면 나의 인생 방향이 많이 달라졌을 수 있다고 느꼈다. 2011년 7월 한여름 로스앤젤레스를 방문하였을 때 나는 도산의 흔적을 찾아 LA 이곳저곳을 서성거렸고 그런 다음 LA 남동쪽으로 자동차로 1시간 30분 거리에 있는 도시 리버사이드까지 갔다. 그 도시 시청광장에 도산 동상이 서 있다는 소문을 들었기 때문이다. 과연 기다란 리버사이드 시청광장에 시청 건물에서 가장 가까운 곳에 도산 선생이 서 있었다. 그곳에서 20미터 떨어진 곳에 1960년대 미국 흑인 민권운동가 마틴 루서 킹 목사의 동상이 서 있었고, 그곳에서 다시 비슷한 거리를 가면 인도 독립의 아버지 마하트마 간디의 동상이 서 있었다. 이 세 사람의 동상은 일렬로 배치돼 있다. 이곳 시민들은 왜 이 세 사람을 광장 한 자리에 모아 놓았을까. 도산, 킹 목사, 간디는 억압받은 자들의 해방과 권리를 위해 기꺼이 목숨을 바친 민중의 지도자들이 아니었던가.

지천명地天命의 나이도 지나 이순耳順에 이르는 시기에 운 좋게 만난 안창호-이광수-피천득의 이야기를 나는 아주 사적인 방식으로 전유하고 싶다. 짧은 독서지만 이 세 사람을 관통하는 정신이 사랑과 정情이라고 생각한다. 이 세 사람 이야기를 21세기를 살아가는 우리에게 맞추어 계속 이야기하고 싶다. 이들의 이야기는 결코 소멸하거나 시들지 않을 것이다. 이들의 이야기가 새롭게 부활하여 끊임없이 계속될 수 있도록 나는 기록을 남기고도 싶다. 세상에는 기쁘고 즐길 일보다 참고 견디어야 할 일들이 더 많다고 하는데, 고단한 삶과 척박한 시대 한가운데서 지금보다 조금이라도 더 좋은 세상을 만들어 가는 이야기는 어떤 것일까.

껍질을 벗지 못하는 뱀은 죽는다는 말이 있는데, 우리 인간도 필요할 때 낡은 옷을 벗어 던지고 새로운 옷으로 갈아입어야 한다. 나이가 들어가면서 한층 더 나날이 새롭게 될 필요성이 커진다. 굳은살이 박이는 노년에 새살이 계속 돋아나게 하는 방법은 없을까. 금아 피천득 선생과의 인연으로 새로 만난 도산 안창호와 춘원 이광수의 이야기를 통해 나의 인생 제2막에 어떤 이야기가 만들어질까. 고목에 아름다운 꽃을 피울 수 있을까. 우리 시대를 위해 변형시킨 나의 이야기 속에서 사랑과 정의 파수꾼들이던 이들의 이야기가 영원히 살아남는다면 얼마나 좋을까! 인생은 작은 인연들로 얼마나 아름다운가!

이성림

선생님 말씀 잘 듣는 학생

학교는 나의 가장 즐거운 놀이터이자, 생활 근거지이다. 퇴직을 한 지 3년여 세월이 흘렀어도 여전히 명예교수로서 강의도 하고 연구도 하고 학교생활을 이어가고 있다. 이제껏 한 번도 학교 바깥에서 생활을 해 본 적이 없다. 초중고를 거쳐 대학에 입학한 이래 늘 학교 안에서 생활을 하고 있다.

학교에는 선생님과 학생들이 있다. 선생님들의 가르치심으로 나름, 사람 노릇하고 있는 것 아닌가 생각될 때가 많다. 학교에서 나를 사람 되라고 가르쳐 주신 모든 선생님들을 나는 무조건 엎드려 존경한다.

자연스럽게 학창 시절 선생님들께서 주신 말씀이나 글씨를 곁에 놓고 생활하고 있다. 여러 편의 글 중에서 몇 편을 옮겨 적어 보면서 선생님 말씀을 새겨본다.

김남조 선생님께서 적어 주신 글귀가 있다.

"그가 있기에 / 내 영혼을 스스로 / 귀중히 여김 //
  이런 일이 / 그에게도 / 일어나기를"

말씀이신즉, 자신의 영혼을 스스로 귀하게 갖는 일의 중요함을 적어 주신 듯 하다.

결코 함부로 판단하고 쉽게 생각해서는 아니된다는 확호하신 말씀으로 상대방도 이마만큼의 결연함과 서로의 영혼이 맞닿아 있기를 희구하심이라 새겨본다. 선생님의 독특하신 개성적 글씨체가 마음에 젖어 들게 하고 있어 물끄러미 바라본다.

최신호 선생님께서 파초 잎사귀로 적어 주신 두 편의 붓글씨를 적어 본다.

"희언자연希言自然 불소찬혜不素餐兮"라는 글씨를 내려 주셨다. 글씨에 담겨 있는 뜻을 사색해 본다. 내가 말이 많아지거나 공부에 나태해질 때 성찰한다. 선생님께서는 아마도 무언의 가르치심으로 〈시경〉에 있는 말씀을 적어 주셨다고 생각해 본다. 어찌 그리 수선스럽고 공부를 게을리하는가라는 자책감이 들 때마다 바라보는 문구이다. 말이란 지극히 인위적인 것이다. 말이 많으면 실천이 어렵고 지켜내기가 힘들다. 말이 없는 자연을 닮으라고 하셨다. 말이 없는 저 자연은 세상의 이치대로 자연스럽게, 때를 기다려 움직이고 있다. 대시이동待時而動으로 순환하고 있다. 공부를 주업으로 하는 학자가 연마하지 않고 다른 것에 관심 두는 것도 경계하셨다. 이렇게 선생님은 제자를 향하여 글씨 죽비소리로 다스리고 계신다.

김동욱 선생님의 붓글씨도 가히 일품을 이루시고 뜻이 깊으시다. 가까이서 뵈면서 여러 편을 얻을 수 있었다. 청해서 받은 글씨로는 "사무사思無邪"와 "원형이정元亨利貞"이 있다. 그런데, 을축乙丑 원단元旦에 새해 덕담 카드로 보내오신 한글 글씨가 있다. 지금 책상 머리 위에 얹어 놓고 있어서 옮겨 적어 본다.

"마음의 여유를 가지고 서두르지 말고"

얼마나 쉬운 말씀이신가. 어린 아이들도 다 알아들을 소리 아닌가. 그런데 선생님께서 이리 말씀하신다. 어렵게 이야기하시지 않는 가운데 깊고 깊은 철리哲理가 들어 있음을 느낀다. 공부도 그렇고 온갖 세상 만물 이치가 그러하다. 요즈음은 빨리 빨리가 대세인 세상 이라고 한다. 무엇이든 그렇게 하다보니 마치 국민성인 것처럼 떠들어 대기도 한다. 때로는 민망하기까지 하다. 기다림의 실종 시대처럼 보인다. 젊은이나 나이 드신 분이나 기다림 자체를 잘

못 하는 것 같다. 그러나 한숨 돌리고 생각해 본다. 결코 서둘러서 되는 일은 없다. 천천히 여유를 가지고 기다려야만 한다. 공부가 이루어질 때까지 노력을 다 하며 기다려야 하고, 오지 않는 사람을 위해 차분히 기다려 주어야 한다. 백제 여인의 노래인 〈정읍사〉에서도 행상 나간 남편의 무사 귀가를 기다리지 않는가, 요즈음은 남녀 동시에 일하는 시대이다 보니 일 나간 아내를 기다리는 남편의 모습도 자연스럽다.

이미 오래 전에 써 주신 글귀가 요즈음 더욱 절실하게 가슴에 와 닿는다. 이렇게 진리는 세월의 흐름에 관계없이 우리들 가슴을 후려치며 스며들고 있다.

친필親筆·육필肉筆에는 글을 쓰신 분의 혼령이 깃들어 있거늘, 이미 타계하신지 오래인 선생님도 계시건만 나는 늘 선생님들께서 주신 말씀 안에서 생활하고 있음을 감사해한다. 선생님 말씀 잘 듣는 학생이고 싶다.

군사부일체가 흐려진 요즈음 세상이라 하더라도 나는 선생님의 제자이고 선생님 말씀 잘 듣는 학생이고 싶다.

사랑하는 부모님 외 1편

아버지가 세상을 떠난 지 만 5년. 뇌경색으로 쓰러진 어머니 병간호를 하다 췌장암으로 2여년을 투병하다 돌아가신 아버지. 부모님이 돌아가신다는 생각을 한 번도 해본 적 없는 무지에 가까운 세월을 살아왔던 나로서는 견디기 힘든 상황이었다. 우리가족에게 생길 것이라는 전혀 생각하지 못하고 남의일이라고만 여겼던 일이 현실에 직면하니, 우리 8남매는 힘들 수 밖에 없었던 일이다.

유난히도 더웠던 17년도 윤달 7월에 8남매를 남겨두고 눈을 감으신 아버지. 췌장암 판정을 받고 길어봐야 5개월이라는 시한부 청천벽력 같은 사실을 들었지만 가족들은 아버지께 그 사실을 알리지 않고 장에 염증이 생겼다고 당분간 거짓말을 하였다. 항암 치료를 받아야 하기에 나중엔 사실을 알리고 치료를 받았고 잘 견디어 내셨다. 신약으로 치료하며 잘 견뎌 내었기에 아버지는 오진을 한 거 아니냐며 가족들에게 희망의 말을 늘 하시던 아버지. 췌장암은 완치가 어렵고 고통이 엄청 심하다는 얘기가 우리를 너욱 긴장하게 만들있다.

다행인지 불행인지 1년 반이 지나도 건강하게 식사도 잘하시고 어머니가 입원한 요양병원에 매일 출퇴근 하듯이 드나드시며 어머니와의 사랑을 확인 하곤 했었다.

나는 1년 동안의 장기교육을 받으며 전주에서 생활했었고 일주일에 한 번씩 제주를 드나들었건만, 사실 아버지는 1년 제주를 떠나는 것을 달갑지 않게 생각했다.

사실 아버지는 3대독자로 태어나 가부장적인 모습으로 어머니를 많이 힘들게 하셨다

그런 면이 미안했던지 10여 년 전에 뇌경색으로 쓰러지신 어머니를 지극 정성으로 케어를 하였다. 술을 유난히 좋아하셨던 아버지였지만 암 판정을 받은 후에는 자제를 하였고 식이요법 조절은 그리 신경 쓰지 않았다. 왜냐하면 식이요법으로 스트레스를 받기보다는 드시고 싶은 음식은 맘껏 드실 수 있도록 한 우리가족들만의 처방요법이었다. 늘 하느님같이 서방님을 모시던 어머니가 갑자기 쓰러지시고 병원에서 생활하는 어머니를 보며 아버지는 많은 자책감을 느꼈으리라 생각하며 어머니에게 전하는 애틋한 마음을 느낄 수 있었다.

돌아가시기 3개월쯤 전에는 병원에 입원하여 고통에 힘들어 했다. 워낙 깐깐한 성격이라 간병인 도움도 받지 않으려고, 애쓰시는 모습은 우리가족들에게는 더욱 힘든 일이었다. 그렇게 강하시던 아버지도 힘없이 스러져 가는 모습에. 돌아서서 몰래 눈물지으며 가슴 아파했다.

3남 5녀의 자녀를 가진 다복한 가족이었지만 그 누구도 임종을 보지 못했지만 입관을 할 때 보니 아버지 모습은 정말 평온해 보였다.

그러나 어머니는 아버지의 사망사실을 몰랐다. 오로지 아버지 걱정만을 하던 터라 한동안 아버지가 병원에 오지 않자 늘 안부를 물었는데 입원해 계셔서 오실 수 없다고 거짓을 고하곤 했는데. 아버지가 돌아가셨다고 하면 어머니가 식음을 전폐할까 두려워 어리석지만 선의의 거짓말을 할 수 밖에 없었다. 병원에 계신 어머니에게는 일주일에 한 번씩 식구들이 윤번제로 간식을 준비하고 병간호를 하며 어머니와의 소중한 시간을 가질 수 있었다. 아버지가 돌아가신 줄도 모르고 면회 가면 "나는 괜찮으니 아버지께 가보라"고 늘

아버지를 걱정하시던 어머니. 어머니마저 유난히 더웠던 올 여름,무더위가 거의 끝날 즈음 8월 마지막 주에 우리 곁을 영원히 떠나셨다.

무척이나 안타까운 일이 2012년 뇌경색으로 병원에 입원하시고 만 10년을 전혀 움직이지 못하고 그냥 누워 계셨지만 치매도 하지 않고 기억력이나 정신력은 우리보다 더 선명하셨다. 병원에 계셔도 자식, 손자 손녀들의 이름을 일일이 거명하시며 걱정하시던 어머니, 8남매 키우기도 힘들고 버거우셨을 텐데, 치매 걸리신 할머니를 수년간 케어 하시던 일, 자식들이 늦게 오면 밤새 주무시지 않다가 아버지 몰래 현관문을 열어 주시던 일, 할머니의 시집살이, 어려웠던 일은 지하창고에 혼자 들어가 눈물을 흘리시던 어머니, 자녀들이 사고를 치면 아버지 몰래 사태를 수습하느라 혼자 동분서주하던 모습, 시골에서 올라오는 친척자녀들이 제주시 학교에 입학하게 되면 마치 하숙집 같이 숙식을 제공 해주시던 일, 몸이 아프면 고통을 잠재우기 위해 낙센과 뇌선을 입에 달고 다니셨던 어머니, 힘들게 혼자 가슴앓이 하며 마음 한 켠에 외로움과 고통을 풀어내지 못해 한이 서려 있었을 우리 어머니! 그 스트레스로 병이 일찍 병이 찾아온 것이라 생각한다. 결혼하기 전에도 큰딸이기에 가성성세를 혼자책임지며 희생하신 어머니! 자식들에게는 이런 힘든 일을 되물려 주지 않겠다며 힘든 일은 시키지 않고 혼자 다하신 어머니. 정말 대단한 분이었다. 얼마나 멘탈이 강하셨는지 모른다.

5여 년을 아버지가 돌아가신 줄도 모르고 코로나로 면회가 없던 3년은 우리에게나 어머니에게는 정말 지옥 같은 세월이었다. 코로나로 면회를 중단하다 처음 비대면 면회를 신청하고 어머니 모습을 본 순간 어머니는 우리가족을 철저히 외면했다. 가족들에게 버림 받았다는 생각을 하고 있었던 것이다. 면회 간 가족들은 눈물을 펑펑 흘리며 손 한번 잡아보지 못하고 돌아서서는 흐르는 눈물을 주체하지 못하고 감정을 추스르지 못했던 순간이 아직도 머릿속에 생생하다. 처음에는 견디기 힘들었지만 세월이 지나니 또 무뎌지는 우리들. 얼마나 약속했을까?

그러던 중 심부전증으로 몸이 많이 부어 종합병원으로 옮겨 중환자실과 일반병동을 옮기기를 하다 가족들도 없이 혼자 눈을 감으셨다. 그 많은 자녀들에게 말 한마디 못하고, 돌아가시고 나니 잘못했던 생각만, 좀 더 잘할 것, 하는 후회로 가득하다.

아버지 어머니가 돌아가시고 나니 우리 8남매는 이젠 고아가 된 것이다.

먹먹한 가슴, 보고 싶어도 볼 수 없는 부모님, 불러도 대답 없고 불러 봐도 소용없는 곁에 부모님은 계시지 않는 현실이 우리들을 힘들게 하고 있지만. 가족들은 나름 안도를 해 본다.

애틋하게 그리워하던 아버지와 어머니가 행복하게 소풍을 떠나 신 것 이라고, 하늘나라에서 아프지 않는 세상, 근심 걱정 없는 세상에서 맘껏 자유를 느끼며 행복한 또 다른 삶을 사실 거라 생각 하며 나름 자위를 해 본다.

하늘 나라로 가신 아버지, 어머니 두 분 만나셨죠? 두손 꼬옥잡고 더 좋은 세상에서 행복하시길 우리는 간절히 기도합니다. 8남매도 엄마 아빠가 걱정하지 않게 착하고 선하게 어려움을 같이 나누는 사회의 선한 구성원으로 열심히 살아 갈 것입니다.

유년시절

나는 3남 5녀 중 두 번째 딸이다. 아버지가 3대 독자로 손이 귀했던 터라 늘 혼자여서 외로웠고 편 들어주는 사람이 없어서 후원해줄 사람이 절실히 필요하다는 사실을 느꼈기 때문에, 자식들이 외롭지 않기 위해서는 많은 가족을 거느려야 된다는 생각을 아버지는 늘 하고 있었다.

아버지는 원래 교사를 하다가 권력을 가진 경찰공무원이 되어야 한다는 생각을 가지셨다고 한다. 그래서 인사발령 때마다 우리 가족은 이사를 다녀야 했고 집을 빌리고자 하면 집주인이 무척 꺼려했기에 8명인 자녀들이 5명으로 줄어드는 거짓말을 다반사로 하면서 집을 빌리곤 하였다. 그렇게 우리 가족이 이사를 할쯤이면 온 식구는 집주인의 눈치를 보느라 모두가 죄인이었다. 큰방 하나에 모든 식구들이 이불 세 채를 깔고 한방에서 잠을 잤다. 방 전체에 이불을 펴면 발 디딜 틈이 없다. 밤중에 화장실이라도 가려면 몇 번을 이불에 설려 넘어져야 갈 수 있는 그런 상황이었다. 모두가 두 살 터울이어서 어머니는 동생들을 업고 안고 걸리고 임신을 한 상태로 마실을 다녔고 만원버스에 애들을 데리고 시골집으로 가던 그 기억은 드라마에서나 볼 수 있었던 어려웠던 보리 고개를 연상케하는 징면이다. 특히 내 입장에서 보면 동생이 6명이다 보니 내 몫은 언제나 애기 업게이었다. 맘대로 나가놀지도 못하고 동생들을 돌보아 주는 것은 항상 내 몫이었기 때문이다.

또한 식구가 많으면 먹는 것 입는 것들도 보통 불편한 것이 아니다. 양푼에 보리밥을 떠놓고 쟁탈전을 벌이는 상황은 매일 매일의 연속이었고 어쩌다 재수가 좋아 라면을 먹을 수 있을 때면 삼양라면 하나에 국수 한 다발 풀어놓고 같이 끓여서 온 식구들이 먹기도 하였다. 그때 그 라면 맛은 잊을 수가 없다. 제주도말로 베지근한 그 맛. 어느 호텔 음식이 그 보다 더할까? 그럴 때쯤이면 난 왜 배가 이리 작을까? 맛있는 음식은 배속에 저장 하였다 꺼내 먹었으면 좋겠다는 그런 생각을 하며 늘 식탐을 하고 살았다.

목욕도 명절 때만 하였다. 올망이 졸망이 모든 식구들이 목욕탕에 가서 때를 밀면 난 정말 기분이 좋았다. 나의 장래 희망이 목욕탕 주인이었다. 목욕은 매일 하고 싶은데 어머니가 목욕 갈 돈을 주지 않았기 때문이다. 너무 얼토당토 않는 꿈이었을지 몰라도 그 당시, 목욕탕 주인이 되면 매일 목욕하고 예쁜 모습, 향기 나는 여성으로 거듭날 수 있다는 허망한 꿈을 꿔보기도 하였다. 특히 저녁시간이 되어 온 식구들이 이불속에 둘러 앉아 얘기를 나눌 때면 형제자매들이 이불속에서 발을 서로 꼬집으면서 서로의 불편했던 감정을 표출하기도 하였다. 난 발가락 힘이 없어 늘 동생에게 당했다. 언니 누나한테 대들지 못한 감정을 이불속에서 표현했던 일은 지금 생각해보아도 웃음이 피식 나온다.

아버지는 저녁에 술을 드시고 좀 늦게 귀가 하는 일이 종종 있었다. 우리들에게 공부를 잘해야 훌륭한 사람이 된다며 유난히도 공부를 강조하시던 아버지, 아버지가 돌아오실 즈음에 공부를 하고 있는 자식을 보면 칭찬하고 격려하면서 용돈을 두둑이 주면서 격려를 해주는가 하면 가족 전체가 한사람씩 노래를 부르며 장래희망을 물어보며 발표력을 키워주는 에피소드도 수두룩하다. 아버지 직업을 뒤이어 경찰관이 되겠다. 선생님이 되겠다, 법관이 되겠다, 하는 자식들에게 용돈을 주시면서 정말 꿈은 원대하게 가지라고 늘 충고하였다. 물론 장래 희망대로 된 형제는 아무도 없지만….

힘들었지만 그때의 상황들이 정겹고 아련한 추억으로 남아 그 시절로 돌아가고 싶다는 생각을 자주 하게 된다. 나이가 들어감인가! 어려웠던 시절에서 탈출하고 싶었던 때가 한두 번이 아니었고 늘 중간에서 인정받지 못하여 불만도 많았던 시절을 보냈던 어려운 환경에서도 가족들과 지냈던 시절은 행복 그 자체인 것 같다. 그리 많다고 생각되던 가족들, 매우 귀찮게만 느껴졌던 형제자매들, 가지 많은 나무에 바람 잘 날 없다는 말이 있듯이 어려운 사연도, 즐거웠던 일들도 많았기에 형제자매들이 한자리에 모여 이야기 보따리를 풀어 놓으면 시간 가는 줄도 모르고 예전의 어린 동심의 세계로 돌아간다. 이제 형제자매는 서로의 든든한 후원군이 되었다. 어려운 일이 생기면 모두 같이 의논하면서 일을 해결 해나가는 모습을 보면서 부모님의 위대함을 새삼 느끼게 한다. 그 많은 식구들을 어떻게 키웠을까? 요새는 자녀 한두 명 낳으면서도 키우는 게 힘들다고 아이 낳기를 꺼려하며 포기하는 젊은 세대들을 보면 안타깝기도 하다.

돈과 명예가 뭐 그리 중요한가? "사람이 꽃보다 아름답다"는 노래를 되새기며 가족들과 사람들과의 관계가 더욱 중요하다는 생각을 하면서게 된다. 형제들이 많아서 늘 나에겐 큰 위안이고 희망이며 소중함으로 인식하고 살아가고 있다.

화목한 가정을 만들어주신 아버지 어머니는 모두 하늘나라로 가셨다. 고아가 된 형제자매들은 올해 첫 추석을 보냈다. 어렸을 때 즐거웠던 일 행복했던 일 속상했던 일들을 하나 씩 꺼내 보며 웃다가 울다가. 아련한 추억들을 소환하며 빛 바랜 사진을 들추어내며 이야기 서리를 만들어 내기도 했다. 엄마 아빠가 이루어 놓은 화목한 형제자매는 부모님기대에 어긋나지 않는 세상에 도움이 되는 구성원으로 잘 살아 나가겠습니다. 아버지 어머니 이렇게 훌륭하게 키워 주셔서 감사합니다, 고맙습니다. 사랑합니다.

김화영

못 지켜진 약속 외 1편

지난 2월 15일 오전 10시쯤 손 전화기에서 울리는 멜로디에 끌려 확인하니 사돈의 반가운 전화가 나를 불렀다.

무척 반가운 마음이 창으로 스며드는 따스한 햇볕처럼 온몸을 휘감는 포근함 속에서 기분이 한결 상쾌했다. 지난 2월 10일 간단한 덕담으로나마 행복한 명절 보내시란 안부를 드렸고 찾아뵙고 싶으나 극성을 부리는 '코로나'가 잠잠해지면 만나기로 약속한 지 5일 만에 전화가 온 것이다. 명절 선물로 조그마한 물건을 택배로 보내 드렸는데 택배의 폭주로 명절 전에 도착이 되지 않고 15일에 배달이 되어 잘 받았단 인사의 전화였다. 통화가 종료되고 십여 분 뒤에 또 통화음이 울려 확인하니 사돈께서 영상통화로 부르셔서 사돈 두 분과 우리 두 내외는 얼굴 마주 보며 회포를 푸는 동안 과학과 문명의 발달 덕분에 한자리에 모여서 대화하는 첨단 세계에 살고 있음을 실감하며 "사부인 얼굴이 건강해 보이시고 젊어지셨어요!" 아내에게 덕담을 주시는 사부인의 말씀에 "지금 세수하고 화장했어요!" 아내의 대답에 사부인이 웃으시면서 "나도 화상 전화할 땐 꼭 화장하고 통화해야 하겠어요. 사부인 정말 젊어지셨어요" 화기애애한 통화가 20여 분 지속하였고 "세상이 참 좋아졌어요. 미국에 있는 딸, 사위 손주들과도 얼굴 마주 보며 통화를 하고 나면 보고 싶음에 많은 위안을 받습니다." 사돈의 말씀을 끝으로 통화를 종료하고 아내에게 말했다.

“사돈하고 영상 통화한 것은 이번이 처음이네” “앞으로는 종종 영상으로 통화해야 되겠어!” 아내의 대답 또한 의외란 반응이었다. 사돈과의 화상통화를 몇 번 시도한 적이 있었으나 이루지 못했음을 상기하며 “사돈이 화상통화 방법을 배우셨나 봐” 아내의 말에 나도 맞장구를 치면서 외국에 있는 식구들과의 통화는 언제나 화상 통화로 진행되는 나의 경우를 생각하며 사돈과의 통화도 신문명의 산물인 화상통화로 해야겠다고 생각했다. 한국으로 온 후로 여행도 같이 다니면 좋을 것 같아 몇 번이나 같이 여행 다니자고 사돈께 말씀드렸으나 두 번 정도 함께하는 시간이 그렇게 좋고 행복한 시간일 수 없었다.

소래 포구에서 생선회를 그토록 맛있게 잡수시던 모습이 주마등처럼 마음속을 맴돌고 주문진 포구에서 생선회로 점심을 먹었던 기억, 손 마주 잡고 낙산사를 거닐며 즐겁고 행복했던 시간 속에서도 자식들의 무사 안녕을 비시며 크나큰 초를 네 개를 사서 동해의 푸른 바다를 굽어보시는 해수관음상 앞에 불을 붙인 촛불을 고정하고, 정성 다해 예를 드리셨던 자식 사랑의 애절함이 판박이로 남아있다. 워낙 바람이 거세서 초에 불붙이느라 많이 힘들었던 기억도 생생하고…….

사돈이 옛날 거래처였다는 양양시장도 사돈 내외와 우리 내외 넷이서 다녔던 즐거움 또한 잊을 수 없는 추억이었지!

자식을 서로 나누어 그들의 인생을 열어주는 일이야말로 그 이상 더 친밀하며 가깝고 거룩한 관계가 있을까? 사돈과 지난 일들이 신기루처럼 나타나 아프게 마음을 할퀴고 지나며 두 눈에서 떨어지는 눈물이 무릎을 적신다.

영상통화 끝나고 세 네시간쯤 사부인의 전화를 받고 허망하고 쓰린 안타까움에 아무 생각도 할 수 없었고 멍하니 허공만 바라보며 허무 속에 묶여서 헤어날 수 없었다.

보내드린 선물 한 봉지를 잡수시고 목욕탕에 가신 것이 이승의 마지막이셨다니 도저히 믿기지 않은 인생의 무상함이 이렇게 갑작스럽게 찾아오리라곤 상상도 못 했던 일이었음에 사부인께서는 얼마나 참담하고 크나큰 슬픔 감당하실지 걱정이 앞선다.

이승의 하직을 아셨던 것일까? 생전에 얼굴이라도 보시려고 영상통화로 부르셔서 그렇게 마지막을 장식하셨을까! 당신 큰딸이 제왕절개로 딸 둘을 분만했을 때 이제 더 아기를 낳지 말라고 했건만, 대를 이어줄 아들을 낳아야 한다고 당신 딸의 생명을 담보삼아 기어이 아들을 낳게 해 주신 그 은혜 갚지도 못했는데 그 외손자가 대학에 가는데 한 번의 상면밖에 못 하고 이토록 허무하게 이승을 하직하시다니요!

'코로나'의 두려움 때문이란 핑계로 마지막 가시는 길 배웅도 못 하여 죄송하고 송구한 마음 금할 길 없다.

사돈! '인명재천' 이라 했지만 예고 없는 이별 속에서 슬픔만이 몰려오고 허무 속에서 헤어날 길 없습니다. 이제 모든 아픈 사랑 내려놓으시고 영원한 본향 길 평안히 가시옵소서! 언제인가 그곳에서 다시 만나 꽃 속을 춤추는 나비로 환생해서 손에 손잡고 마음껏 행복길 날라봅시다.

애국 교향악단

2019년의 가풀막에 기독교도들이 연주하는 오케스트라 공연에 초대받아 갔었다. 음악에 대하여 별로 조예가 깊지 못했고 좋아하지도 않았던 나였기에 거절하기도 뭣하고 하여 자의 반 타의 반으로 그곳에 도착하고 보니, 규모가 상상외로 넓음에 우선 놀라웠고 개표하고 들어가니 500명도 훨씬 넘어 보이는 청중들에 또 한 번 놀랬다. 내가 아는 지인이 지휘를 하고 있어 더욱 눈이 휘둥그레졌고, 그 가냘픈 여자 몸매에 짧은 두 손과 손가락으로 그 많은 악기들을 콘트롤하며 그 악기를 다루는 사람들이 거의 백인 혹은 흑인들이었음에, 그 가늘고 짧은 손짓으로 화음의 하모니가 물결칠 때마다 감미롭고 숭고한 표현 못 할 감동으로 온몸에 소름이 돋았다. 그 많은 사람이 숨소리마저 들리지 않는 적막 속에서 청중들이 음악에 몰입하며 작은 체구의 한국 여성 지휘자의 뒷모습을 응시하는 진지함을 목격한 나는, 지휘의 잘 잘못은 음악의 문외한인 나로서는 알지 못하는 일이지만 가슴 속에서 솟구치는 뭉클함의 덩어리는 같은 국가에서 태어난 같은 피의 흐름이 아니었겠나 생각해 본다.

지휘자 바로 앞 왼편에 제1 바이올린 18대, 그 옆에 대형 피아노 1대, 피아노 뒤에 하프 2대, 지휘자 정면에 제2 바이올린 18대, 비올라 14대, 왼쪽 하프 뒤에 팀파니, 기타, 타악기 5대, 지휘자 정면 제2 바이올린과 비올라 뒤에 오보에 3대, 그 뒤에 풀루트 3대, 오보에 옆 파곳 3대, 그 뒤에 클라리넷 3대, 그 뒤에 프런치호른 4대, 그 뒤 왼쪽에 트럼펫 3대, 그 옆에 트럼본 3대, 그 옆에 튜바 1대, 비올라 뒤 오른편에 콘트라베이스 8대, 지휘자 바로 옆 오른쪽에 첼로 12대, 100개가 넘는 악기들이 같은곡을 연주해도 악기마다 독특한 음들이 어우러져 아름다운 음이 흘러나옴을 들으며 지휘자의 손짓에 따라 어느 악기는 멈추고 어느 악기는 멈췄다가 시작하는 경이로움이 우리 인간 세상에 시작과 멈춤을 어떻게 해야 하는지를 말 대신 보여 주는 것 같았다.

금관악기, 목관악기, 현악기, 타악기, 건반악기, 같은 악기 중에도 모양새가 다 틀린 악기로 뿜고 튕기고 두드리는 음률은 모든 악기가 한 음악을 가지고 최선의 아름다음을 탄생시키기 위하여, 개인의 욕심과 집단의식을 표출함이 전혀 없는 전체의 어울림에 누가 되는 일은 엄격히 자제함에서 아름다운 음률이 탄생 되는 체험의 장관 속에 음악회를 보는 내내 떠날 수 없는 고민스러움에 음률의 감미로움은 생각에 밀려 내 곁을 떠났고 마지막 공연의 끝을 장식하는 박수 소리에 소스라치게 놀램을 느끼며 매우 당황했던 기억이 지금도 가슴에 또렷이 남아있다.

세계적인 교향악단 지휘자 '레오나르도 번스타인'의 말처럼 "제1 바이올린을 연주하는 사람과 같은 열정을 가진 제2 바이올린을 연주하는 사람을 구하기가 참 어려운 일이고, 프렌치 호른이나 플루트의 경우도 제1 연주자는 많지만 그와 함께 멋지고 아름다운 화음을 이어줄 제2 연주자는 너무나 적어서 구하기 힘이 든다"라고 말했다 한다. 누구나 솔로 연주자가 되려고 하고, 이것만이 진정한 음악임을 고집하고 특정한 위치에서 주목받기를 원하는 사람들뿐 이라면 제2 연주자가 없는 음악은 어떤 음악회가 될까 가늠해 본다.

제1 연주자는 아무 사람이나 같이 연주할 수 없지만, 제2 연주자는 어떤 사람과도 연주할 수 있고 오히려 돋보이지 못한 제1 연주자를 훌륭한 연주자로 만들수 있는 것처럼 우리 '애국 교향악단' 속에는 묵묵히 맡은 일에 소임을 다 하는 제2 연주자들이 압도적임에도, 제1 연주자들의 고집과 아집, 불만과 욕심, 포퓰리즘, 당리당략에 매몰되어 치우친 행동과 말들이 제2 연주자들과의 연주를 거부하고 있어 음악회는 귀청을 찢는 높은음과 잡음만이 울려서 청중들의 비난을 면치 못하고 있지 않나 헤아려 본다.

국가와 민족을 위한 길, 현재의 머무름보다 미래의 발전된 국가를 생각하며 자손들에게 아름답고 풍요로운 세상을 남겨주기 위한 음악회라면 '애국교향악단' 리더의 덕목이, 불같이 일어났던 울화와 고민과 이념의 욕심도 손가락 한마디 까딱하면 멈추게 할 수 있는 그러한 지휘자는 없는 것인지, 아니 있지만 찾지를 못하는 것인지 올해의 마지막 밤에 고명하신 지휘자가 나오리라는 환상에 젖어 꿈과 희망을 품으면서 무릎 꿇고 소원해 본다.

박현주

내 동생 외 1편

오랜만에 특별한 자리가 마련되었다. 남양주에 프oo 레스토랑에 갔다. 스승의 날 축하 겸 요안나 언니와 나의 성공적인 암 수술을 자축하며 만남이 이루어졌다. 식사를 마치고 실외로 나갔다. 넓은 정원과 탁 트인 한강 뷰는 한 폭의 수채화를 보는 듯하다. 정원에는 초록의 세상으로 나무와 잔디가 눈을 시원하게 해 주었다.

이곳은 많은 조형물과 볼거리가 있다. 어디서나 사진을 찍을 수 있지만 포토죤의 빨간색 나비 의자에서 포즈를 잡고 사진을 찍으며 온몸으로 자유를 만끽했다. 이곳의 풍수지리는 대 명당자리로도 유명하다. 이곳의 터는 건강장수, 출세영웅, 부귀여신의 모든 조건을 갖춘 보기 드문 명당이며 지기가 매우 왕성한 대 명당자리이다. 이곳에서 한강을 바라보니 양지바르고 앞이 탁 트여서 마음이 편해진다. 그 옆에는 소원을 빌면 강한 전기와 자기의 기운으로 소원이 이루어진다는 행운을 불러오는 거북돌이 있었다. 우리 일행은 저마다 소원을 빌며 거북 돌을 어루만지며 각자의 소원을 빌었다. 나는 지난 6개월 동안 병원생활을 했다. 이제 다시 병원에 갈 일이 없기를 기원했다.

그곳의 조형물 중에 3명의 개구쟁이가 마치 서커스 하는 것처럼 나무 위를 떨어지지 않으려고 하면서 걷고 있는 모습이 내 동생들 같아 웃음이 났다.

나는 남동생이 3명인데 3명이 다 비슷비슷하게 생겼다. 처음 보는 사람들은 쌍둥이로 착각을 한다. 막내가 제일 크고 첫째 동생이 제일 작고 말랐다. 첫째 동생은 어려서부터 몸이 부실해서 좋은 약과 몸에 좋다는 것은 다 먹었지만 성인이 되어서도 왜소하다.

첫째 동생은 4차원이다. 어려서부터 책만 보고 자신의 방에 틀어박혀 나오지 않고 어느 한곳에 점을 찍어 놓고는 그곳만 응시하고 있었다. 그러면 그곳의 세상으로 들어간다는 말을 하고 자신의 고향은 티벳이라고 말하곤 했다. 동생의 말을 들어보면 그 말이 맞는 말인 것처럼 느껴질 때가 있었다. 동생의 이야기에 빨려 들어갔다. 4차원의 세계에는 특별한 것이 있을 것 같았다. 책을 많이 보더니 환상의 세계로 착각을 한 것인지 알아들을 수 없는 이야기를 많이 했다. 성장하면서도 별로 변하지는 않았지만 자신의 세계에 갇혀있던 것들이 결혼하면서 조금씩 사회에 적응하려는 모습이 누나인 내가 보기에 흐뭇하다.

둘째는 어디로 튈지 모르는 천방지축이다. 어느 날은 장님의 안경을 깨뜨려서 손해배상을 해주었고, 운전면허를 취득하고 그날로 아버지의 승용차를 운전하다 전봇대를 들이받아 차를 수리해야 사고를 쳤다. 재킷을 벗어 전철에 두고 오는 일이 대반이었다. 말썽을 많이 부렸지만 배짱이 있고 생존 본능이 강해 모든 관계에서 융통성을 발휘한다.

막내는 사랑을 많이 받아 밝고 포근하다. 어릴 적 별명이 박 박사 였다. 공부도 잘하고 개인지도를 받지 않았는데 여러 악기를 다룰 줄 안다, 모든 방면에 해박해서 무엇이든 막내에게 물어보면 해결이 되었다. 지금 다니는 직장에서 2인자의 자리를 굳히고 있어 든든하다.

김용성의 장편소설 『도둑 일기』를 읽으면서 느꼈던 감정이 되살아났다. 이

소설에서는 심형제의 각자 다른 성격의 형제들의 이야기이다. 6·25 전쟁에 아버지가 전사하고 어머니도 병으로 죽는다. 어린나이에 전쟁고아가 되어 살기 위해 맏형은 도둑질을 하면서도 생존 방식이라고 합리화 하고 맏이로서의 역할을 책임진다. 막내는 행동보다는 생각을 먼저 하며 신중한 성격이라서 도둑질은 도덕적인 행동이 아니라며 형과 사사건건 부딪친다. 둘째는 병약하지만 형에게 기대고 형의 말을 따르면서 현실에 타협을 하고 갈등을 하는 인물이다.

이 삼형제의 생활 방식과 내 동생들과는 시대적 배경이나 문화면에서 다르지만 동생들과 오보랩된다. 내 첫째 동생은 침착하고 과묵하며 몸은 왜소하지만 동생들을 제압하는 힘이 있다. 『도둑 일기』에서 맏이는 동생들을 보살피며 살아야 하는 과정에서 부도덕한 일도 서슴없이 하는 저돌적인 성격이다. 내 동생도, 소설 속에 큰형인 한수도 장자로서 가족 구성원의 갈등을 사랑으로 채운다. 핏줄이기에 책임감의 울타리를 벗어나지 못한다.

조형물을 보면서 동생들의 어렸을 때 모습을 기억이 났고 아버지 어머니 생각에 한동안 그곳에서 머물러 있었다. 아버지가 목재회사를 경영해서 집에는 온갖 나무가 많이 있었다. 그 시절에는 대부분 가정에서 연탄을 사용하여 난방을 했다. 나무가 지천인 우리 집은 연탄과 나무로 난방을 겸용했다.

어머니는 솜씨가 좋아서 동생들에게 나무로 칼과 창 그리고 놀이를 할 수 있는 자치기, 팽이, 제기 등을 만들어 주어서 넓은 마당에서 즐겁게 놀며 싸우기도 많이 했다. 그럴 때마다 막내는 형들의 밥이 되어 맞고 울곤 했다. 자기들은 막내를 괴롭히고 심부름을 시켰지만, 다른 사람이 동생을 괴롭히고 때리면 그 꼴을 못보고 동생을 괴롭힌 아이를 찾아가서 혼쭐 내주고 동생을 보호해 주는 끈끈한 정이 넘쳤다.

동생들은 외모는 닮았지만 각자 개성과 성격은 다르다. 그들은 큰 형을 의지하고 따른다. 엄한 아버지에게 명령만 받아 그것을 지키지 못했을 경우에는 불호령이 떨어진다. 그럴 때마다 큰 형은 동생들 마음 다치지 않게 잘 보살펴 주었다.

동생들은 지금도 자주 만나 소통한다. 운동을 하고 등산도 하면서 서로의 가정에 건강과 평화를 빌어준다. 부모님 산소에 가서 술 한 잔 부어놓고 기쁨과 슬픔을 함께 하며 서로의 축복을 기원한다.

나는 형제간 우애가 돈독한 동생들이 있어서 행복하다.

이제 말해도 될까

나는 적지 않은 나이에 대학원에 입학을 했다. 학교에서는 내가 최고령자였다. 그때 내 나이가 50대였으니 말이다.

나름 학업에 열중하고 학교 일에도 정성을 다 했다. 직장과 가정, 학교로 몸은 피곤했지만 하루하루가 소중했다. 모르는 것을 알아간다는 기쁨과 어린 동급생들과의 대화로 나는 한층 젊고 싱싱한 삶이 되었다.

반신불구인 어머니가 허리를 다쳐서 8년 동안 앉은뱅이로 살았다. 어머니를 간호하며 사회적 약자에게 도움을 줄 수 있는 방법을 모색하다 사회복지학을 공부해서 어려운 이웃에게 봉사하는 사회복지사로의 삶을 다짐하게 되었다.

어머니가 선종하고 대학원에 입학하게 된 것이다. 그 당시에도 성당봉사를 하고 직장을 다니며 가정 일까지 바쁜 시간이었다. 대학원 동기들 대부분 직장과 가정 학교를 오가며 만학도의 삶이지만 열공하는 모습이 아름다웠다.

나는 최선을 다 하며 학교생활을 했다. 그때 우리부부가 경영하던 일은 의류사업이었다. 공장은 사람 손이 필요했다. 공장 일은 3D 업종이라고 우리나라 사람들은 기피하고 청년들은 선호하지 않은 직업이라고 단정을 지었다. 그래서 외국인 노동자를 고용해야만 했다. 그들은 고국에 있는 가족을 그리워하고 고국에 가고 싶지만 이 곳에 남아서 가족의 생계를 이어가는 사람들이었다. 그들은 합법적인 비자가 없는 불법체류자가 대부분이다. 여행비자로 들어와서 기간 내에 여권을 갱신하지 못하고 불법체류로 남는 이들이었다. 나는 그들과 호흡하면서 그들의 삶속에 깊이 들어가 있게 되었다.

나는 대학원 논문을 『외국인 이주노동자의 한국적응과정에 관한 연구』로 정하고 그들이 살아가는 모습과 그들의 언어 생활습관 등 등 을 관심 있게 관찰하며 논문을 무사히 통과하여 석사모를 쓰게 되었다.

졸업 때 총장상의 후보에 올랐다. 처음에는 별 관심이 없었는데 어느 순간 그 상을 내가 꼭 받고 가족들에게 늦은 나이지만 학교생활을 보람 있게 해서 상도 받게 되었다고 자랑을 하고 싶었다. 그 상은 나에게는 영광이지만 다른 경쟁자에게는 아픔이 될 수 있을 것 같아서 포기할까 생각했다. 직장 다니는 동기가 받으면 스펙의 많은 도움이 되어 진급하는데 유리할까? 머릿속이 복잡했다.

총장상을 쟁취하고 욕망의 열차에 승차하고 싶고 싶었다. 그렇다고 내가 할 수 있는 일은 없었다. 어떤 비바람도 강풍도 없이 그 상은 내게로 왔다. 쑥스러웠지만 내 입가에는 야릇한 미소를 짓고 있었다.

나는 경쟁을 싫어하는 성격이다. 주어진 일에 성실하게 남들에게 뒤처지지 않으려고 노력하며 내 주변에 모든 사람들에게 피해주지 않고 평범하게 살아가기를 바란다. 다른 사람을 부러워하거나 다른 사람과 비교하고 경쟁심을 일으키는 것을 절제하고 후회 없는 인생의 열차를 달려왔다. 그런데 총장상에 눈이 어두워 마음으로부터 욕심이 자라고 있었다.

아담과 하와가 생명의 과일을 따 먹고 서로가 부끄러움을 알게 되었다. 하느님께서 왜 먹지 말라는 것을 먹었냐고 묻자 자신의 잘못을 뉘우치지 않고 남의 탓으로 돌린 것처럼 나도 내 마음의 욕심을 표내지 말았어야 했는데 상을 받고 싶은 솔직한 마음을 숨기고 겉으로는 받지 않아도 된다고 은근슬쩍 양보하는 척 했다.

나의 내적 갈등이 나를 고달프게 했다. 투표하자고 할까. 그럼 나는 자신이 있었다. 동기들에게 맘 좋고 성실한 언니였고 누나였다는 것은 자·타가 공인하지만 상대방은 전교 1등 나는 성적에서 밀린다는 생각에 나 스스로 안 된다고 포기를 하고 있는 것은 아닌가. 모르겠다. 동기들에게 나 상 받고 싶다고 했다. 사실 경쟁자는 나에게 미리부터 양보할 생각을 하고 있었다는 것을 알아채지 못하고 혼자서 고민을 하고 있었다. 그 친구가 양보해서 아니라 동기들 모두 나에게 표를 주었다. 나에게 상이 정해지고 조금은 겸연쩍어서 살짝 얼굴이 붉어졌다.

그러나 그 상은 나에게는 더 없이 소중하고 값진 선물이었다고 말하고 싶다.

노년의 삶의 의지를 불태우며 외 1편

인류의 재앙 코로나 19로 인해서 노령자들이 많은 희생을 당하였고, 환자도 많으니 특히 자녀들은 꼼짝을 못 하게 하여서 갇혀 지낸 지가 9개월이 되어 간다.

이런 와중에 또 기록적인 폭우로 많은 재산상의 피해와 사망자와 실종자가 발생하여서 피폐해진 마음이 두려움으로 변하고 있다.

벌써 최대 명절 추석이 다가온다. 고난이 와도 병마와 싸워도 세월은 아랑곳하지 않고, 무심히 잘도 흘러간다.

이 나이 먹도록 이런 명절은 처음 겪는 일이다. 산소도 가지 마라! 고향도 가지 마라! 어이없는 일이다.

어떤 방송에서 80대 노인을 상대로 마음가짐이 신체에 어떤 영향을 줄 수 있는가에 관한 미국 하버드대의 실험 내용인 이들의 소원은 "두 다리로 마음대로 걸었으면 좋겠다." "그냥 젊은 시절로 돌아갔으면 좋겠다." 등인데 한 노인은 "10년만 젊었으면 좋겠다."라고 했다고 한다. 는 이 글을 읽으면서 현실적으로 지금 내가 하는 방법을 피력해 보면서 더욱 용기와 힘을 내려고 한다.

작년의 나는 정말 많은 일을 시도했다. 더 나이 먹기 전에 하고 싶은 일을 해야겠다며 정말 많은 일을 했다. 사회를 국가를 이웃을 위해서 할 수 있는 일이 무엇일까도 생각하면서 내 나이를 잊고 종횡무진 뛰고 달렸다.

년 말에 결과는 면역성 저하로 몹시 앓게 되었고, 병원에 입원하여서 가까스로 진정을 시켰으며, 그 후에 퇴행성 협착증과 디스크가 심해져서 허리가 펴지지 않고, 통증에 시달려서 뒷다리가 찢어질 듯하고, 대퇴부에서 시작하여서 다리를 타고 내려오는 힘줄이 끊어질 듯하고, 억지로 걸으면 무릎 부분과 엄지발가락이 마비되는 것이다.

노년에 꿈꿨던 모든 것이 나락으로 떨어지면서 삶의 질이 이렇게 떨어져서 살기조차 싫어지는 것이었다. 의사에게 살기 싫다고 호소를 했더니, 열심히 살아온 훈장이라면서, 지금은 다 오래 살다 보니, 누구나 다 겪는 것이라고 하면서, 특히 멋지게 살아오신 삶의 기록이라면서 완치는 불가능하지만 특히, 척추가 그렇게 약한 부분이 아니라면서 재생 능력이 뛰어난 부분이다. 치료와 운동을 병행하면서 적응해 가는 것이라면서 이제 모든 것 다 내려놓고 즐겁게 지내라고 한다. 도대체 즐겁지가 않고 슬프고 비참한 생각으로 정말 많은 마음고생을 하면서 이러다 병신이 되는 것은 아닌가 싶고 자식들에게 폐가 되지 않을까 봐 별의별 생각으로 아무것도 할 수가 없다.

병원에는 나 같은 환자들로 넘쳐난다. 1월부터 7개월 동안 하루도 쉬지 않고 병원에서 주사와 물리치료와 침술로 그리고 척추에 주사 시술을 4번이나 하였지만, 양쪽 엉덩이에 주사를 많이 맞아서 돌덩이처럼 굳어서 주삿바늘이 들어가지 않는다고 하고, 약도 장복을 하면 부작용이 날 수 있다고 하니, 아직은 다른 약을 먹는 것이 없고, 건강 한 편인데 척추가 문제이다. 의사는 척추에 주사 시술을 한 번 더 해 보자고 한다. 일 년에 다섯 번 이상은 못 한다고 하면서 말이다.

고민하다가 나는 의사에게 약만 먹고 병원을 끊고, 운동요법을 써서 한 번 극복해 보겠노라고 했더니, 놀라면서 그렇게 하라며, 병원에 수시로 와서 점검하라고 한다.

지금 운동을 시작한 지 백팔 일이 되었다. 아침 5시에 나가서 철봉에 제일 많이 매달리고, 달리기, 다리 찢기, 근력 운동, 맨손체조 산책로 걷기 매일 한 시간 오십 분 운동을 한다.

아침에 나갈 때는 허리를 펼 수 없으니 꾸부정하게 하고 나가지만 운동을 하고 들어올 때는 땀을 흠뻑 흘리고 집으로 오는 길은 늘 천국을 걸어오는 것 같다. 앉아 있는 것이 제일 나쁘다고 하여서 서서 걷지 않으면 집에서는 늘 누워서 지냈다. 30분을 앉아 있을 수가 없었다.

아무것도 할 수 없는 상황을 극복하기 위하여, 모든 것 다 접고, 포기하면서 스스로 달래며, 지금은 운동만이 살길이라는 것을 실감하고 있다.

그래도 병원 치료하던 때보다는 운동 효과가 조금씩 희망이 보이니 꿈도 꿔 보게 된다. 코로나 19로 인해서 답답하고 아무것도 할 수 없다고 생각했던 일이 내게는 치료하는데 집중할 기회로 만들었다고 볼 수 있다.

배와 팔다리에 근육이 생기고 허리도 유연해졌고, 더욱 열심히 운동하여서 반드시 극복하여 글도 쓰고, 다시 전국을 누비며 그림을 그리러 갈 날을 꿈꿔 본다.

가짜와 진짜

세상은 온통 가짜 세상이다.

무엇이 진정한 진실이고 무엇이 거짓인지 아리송하기 짝이 없는 세상이다.

누구의 말을 믿어야 하며 누구를 따라서 본을 삼으며 살아가야 하는지 혼란스럽기 짝이 없다. 요즈음, 선거철이 다가오니 더욱 혼란이 와서 어느 유권자 말이 진실인지 진정인지 가늠하기란 정말 어렵다.

얼마나 많이 속아 들왔는가!

정치하는 자들만이 자기주장이 옳다고 분주히 유권자들에게 호소를 한다.

온통 빨간색 노란색 파란색 색깔 타령이 극에 달하고 있다. 무엇을 의미하는 것이며 무엇을 어떻게 하자는 것인지 도무지 알 수가 없는 세상이다.

그런 중에 영국에서 올림픽이 열리고 있다. 모두들 올림픽에 열광하고 있다.

왜, 우리들은 스포츠에 열광하는 것일까!

밤잠을 설쳐가면서 이 폭염에 환호와 열성으로 온통 더위를 날리고 있는가!

우리들은 눈으로 진실을 보면서, 땀과 눈물과 그 아슬아슬한 승부의 장면들을 보면서, 한 치의 오차도 없이 그들과 일치가 되어서 함께 환희를 맛보며, 승부의 근성을 보고 내가 된 것처럼 되는 것 그것이 우리를 열광케 하는 것이 아닌가 한다.

머리 아프고 실망뿐인 위정자들의 거짓이 난무하고 상대를 비방하고 깎아내리느라 정신없는 선거판을 신물이 난 작금에 그 모습들을 뒤로한 채 잊고 신나게 올림픽에 열광하였다.

이제 올림픽도 막바지다. 우리 선수들은 정말 열심히 선전을 했고, 너무도 당당하게 잘해 냈다. 젊은이들의 힘이 국력이다. 그들 선수들의 피나는 훈련과 땀의 결정이다. 이 조그만 나라에서 그 많은 나라들을 물리치고 우리 젊은이들은 해 냈다.

여기에도 무슨 이유로 심판이 오판을 하고도 밝히 지를 않는 일이 벌어지고, 메달도 가짜가 있고 진짜가 있었다고 한다. 나중에 안 일이지만 잃어버리는 일이 있어 목에 걸어 주는 것은 가짜이고 나중에 받았다고 했다. 시상식대에서 가짜를 깨물어 보는 시늉을 했던 거였다.

우리 정치도 스포츠처럼, 눈에 보이게 투명하게 우리들이 신나 하면서 선거를 치르고, 멋진 승부사들처럼 당당하고 힘 있는 정치가 되기를 진정 바라는 것이다.

가짜가 아닌 진짜인, 정치인들을 어떻게 고르고 뽑을 것인지 꿈만 같다.

팔 년 전, 어느 종교단체의 지도자 대회라는 명목의 예술인 자격으로 선택되어서 일본을 다녀온 적이 있다. 일본의 정부청사, 국회, 도서관, 박물관, 디즈니랜드, 등 여하튼 도쿄 호텔에서 5박 6일을 머물면서 통일문제에 대한 세미나도 듣고, 교육을 받으면서 여행도 하고 여러 곳을 둘러보았다. 특히 지금도 생생히 남아 있는 것은 거리가 너무도 깨끗하고 주차장의 차들이 어쩌면 줄 하나 틀리지 않게 그렇게 잘 정열을 해서 세워 놓았는지 놀라웠고, 가로수의 나뭇잎들이 하도 반짝거려서 나뭇잎을 문질러 보기도 했던 기억이 난다.

오래된 국회의사당이 인상적이었다. 그들은 전통을 굉장히 중요시하는 것을 보았다. 오래된 것들을 더욱 잘 보존하는 것을 보았다.

우리는 새로운 것 현대적인 것을 더 좋아하는 것 같은데, 그들이 우리나라를 점령하고 옛것을 다 말살하려는 그들의 계략 때문에 그렇게 된 것이다. 해서 분통이 터지기도 했다.

폐허 위에 새롭게 건설을 해야 했으니까, 이제야 전통을 복원하고 발굴하고 찾아내는 것에 힘을 쏟고 있으니 정말 다행한 일이다.

독도가 저 땅이라고 우겨대는 가짜 일본 놈들을 다 함께 물리치고 진짜를 찾아야 한다. 독도를 훔쳐 가려고 온갖 작태와 수단을 다 부리고 있다. 반드시 진실은 이길 것이고 정의는 살아날 것이다. 그것이 하나님의 섭리이니까!

이런 때에 때맞추어 대통령께서 독도를 내 땅이라고 세계만방에 알리고 각인시키려고 어느 나라에도 누구에게도 눈치 보지 않고 다녀온 일 이것이 진정 진짜인가 한다.

일본 여행을 하고 돌아왔더니 집에 도둑이 들어서 패물을 다 훔쳐 갔다. 그렇게 사납게 짖어대는 몰티즈 강아지도 짖지 않았는지 탈 없이 살아 있으니 다행스러웠다.

눈이 많이 온 날이라고 한다. 베란다 손잡이 부분의 유리를 둥글게 잘라내고 들어 와서 마음 놓고 이방 저 방을 다 뒤져서 장롱 문고리는 다 잡아 빼놓고, 마음먹고 해 준 며느리 패물과 내 패물 일체를 다 훔쳐 갔다.

수십 년 동안 한 개씩 장만한 결혼기념일, 생일, 무슨 좋은 날 등등 남편이 애써 해 준 것들, 그리고 남편에게 내가 해 준 다이야 반지며, 문학상 금메달과 상금으로 탄 돈 봉투까지 몽땅 도둑을 맞은 것이다.

소 잃고 외양간 고친다고, 즉시 방독 창문을 다 해 놓았다고 한다. 그렇게 허망하고 허탈할 수가 없었다. 아들은 엄마가 집에 없었으니 망정이지 큰일 날 번했다며, 그깟 패물은 없어도 된다며, 온통 집안을 다 뒤집어 놓고 아수라장을 만들어 놓은 것을 엄마가 보지 않은 것만도 다행이며 애완견 "또미"가 아무 탈 없으니 다행이라고 했다.

경찰에 신고를 했고 다 보고 사진도 찍어 가고 했다지만, 팔 년이 지난 지금까지도 한 번도 경찰에서 거기에 대한 답변을 들어 본 적이 없다.

나에겐 진짜라는 금 쪼가리 하나 없는 신세가 되었다. 이제는 가짜 액세서리가 즐비하게 많기도 하다. 그때 당시엔 아들이 위로를 많이 해 주었고, 사람도 잃어버리고 갖다 묻고 사는데 그까짓 폐물이 다 무슨 소용이랴 하고 마음을 비우고 아무렇지 않은 척 살았다.

하나 때때로 불끈불끈 분노가 치밀 때가 있다. 돈이 필요하고 아쉬울 때면 금붙이라도 팔아서 유용하게 쓸 텐데 하고 말이다. 도둑놈들은 어떻게 그렇게 기가 막히게 진짜만 골라 가져갔는지 놀라울 지경이다. 미련하게 진짜와 가짜를 뒤섞여 놓고 사용했는데 어쩜 고렇게 잘도 골라 가져갔는지 놀라움을 금치 못할 지경이었다.

분명 진짜와 가짜가 있는데, 어떻게나 포장을 잘하는지 옥석을 가리기가 참 어려운 세상이다. 사람도 물건도 세련되게 포장을 너무나 잘하기 때문에 무엇에다 초점을 맞추어 진짜와 가짜를 가려내어서 취택하며 살아야 잘 사는 일일까!

먹고, 마시고, 입고, 살아가는데 필요한 의식주 모든 것에 천연을 찾고 부르짖게 되었다.

먹거리 재료를 천연으로 진짜를 쓰는 음식점을 찾아서 방방곡곡을 누비는 TV 프로그램이 요즈음 한창인데 조미료를 쓰지 않고 천연재료를 써서 하는 음식점이 거의 없다 한다.

어쩌다 찾아내어서 가보면 예전에 먹었던 나이 많은 사람들이나 찾을까!

조미료 범벅의 음식에 길들여진 사람들의 입맛이 맛이 없다며 찾지를 않는다고 한다.

가짜가 진짜인 양 판을 짜고 살아가는 세상이다. 가짜에 길들여진 사람들이다. 진정한 진짜는 어디에 가서 어떻게 찾을 것인지 아리송 송 어리둥절하고 살아가는 것이다.

진짜를 기막히게 골라서 훔쳐 가는 도둑이 있다. 폐물을……

이은용

살포 외 1편

할아버지는 아침이슬이 마를 때쯤이면 살포를 등에 비껴 잡고 집을 나섰다. 물꼬 손보러 '가다리 논'을 들러 멀리 있는 '동들 논'까지 다녀온다. 그리고 점심때가 다 돼서 돌아오고는 하였는데, 그럴 때마다 나는 할아버지를 따라 다녔다.

살곰살곰 뒤따라가다가 살포자루를 모른척하고 손으로 툭 건드리면, 할아버지가 깜짝 놀라면서 살포를 놓친다. 놀라는 모습이 재미있었다.

"이놈, 할아버지 놀리면 못써~!"

"예, 안 그럴게요."하고 가다가, 또 심술이 나서 살포자루를 힘 있게 툭 쳤다.

"에구 아파!" 이번에는 살포가 땅에 떨어지지 않고 내 손만 아팠다. 할아버지가 알아차리고 손에 힘을 주어 잡고 있었던 것이다.

"그것 봐라. 어른을 놀리면 그렇게 혼나는 거란다."

"예~."

가다리 논은 5년 전 방아머리로 이사 올 때 장만한 열 마지기이고, 동들 논 다섯 마지기는 작년에 샀다. 평생 손에 흙을 묻히고 힘든 일을 해보지 않은 할아버지가 아들 내외가 문전옥답을 장만하여 이사 온 후에 생긴 일거리이자 즐거움이었다. 아침 이슬이 마를 때 까지 기다리는 것은 풀 섶 이슬에 신발이 젖는 게 싫으셨나보다.

농토가 없어 농부라고 할 수 없고, 농토가 없어 농부다운 일을 해 본 적이 없는 할아버지가 살포를 들고 나서는 이유는 간단하다. 땅 한 평 물려받지 못한 자식이 넓은 문전옥답을 마련한 것이 대견하고 농토가 없던 당신 집안도 논마지기를 가졌다는 자부심이 있었을 터이다. 무엇보다 땀 흘리며 열심히 일하는 자식들의 한 손이라도 거들고 싶은 마음이었을 것이다.

할아버지가 살포를 등 뒤로 비껴 잡고 가는 걸음은 언제나 걸음 폭이 같고 느렸다. 비가와도 뛰지 않고 바람이 불어도 서두르지 않으셨다. 그런 여유 있는 걸음은 어린 내가 보기에도 근엄하다고 할까?

가다리 논은 집 앞 텃밭 길을 지나 성규네 마당을 거쳐서 앞산 아래 자드락길을 따라 500m쯤 가면 나온다. 오봉제저수지 바로 아래에 있다. 물 마른 적이 없는 옥토 중의 옥토여서 아버지가 근방에서 가장 비싼 값으로 샀다.

할아버지의 일은 아버지가 써레질하고 모낸 논에 물이 마르지 않도록 물고를 손보는 것이었다. 힘쓰는 일은 아니지만 매우 중요한 일이다.

물고 손질에는 삽이 좋다. 그러나 삽은 힘센 장정들에게 알맞고 할아버지 같은 노인에게는 살포가 제격이다. 삽이 힘이라면 살포는 권위다. 살포 모양이 가로 세치에 세로 네치 정도로 자그마해서 농기구 축에 들기도 어렵다. 하지만 어른 키의 한 길 반 정도 되는 긴 대는 어른의 권위로 보이게 한다.

할아버지가 물고를 손질하는 데에는 순서가 있다. 먼저 논에 물이 들어오는 물고를 터서 물 높이를 맞추고, 논물을 충분히 가두도록 나가는 물고를 막아준다. 그리고는 논두렁을 한 바퀴 돌아본다. 드렁허리가 논두렁에 구멍을 뚫지 않았나, 이놈들이 뚫어 놓은 구멍으로 논물이 빠져나가지는 않는지를 꼼꼼히 살핀다.

만약 지난밤에 드렁허리가 구멍을 뚫어 물이 새나가면 자칫 농사를 망칠 수 있는 일이다. 그래서 할아버지는 드렁허리를 가장 싫어했다. 이놈들은 교활해서 구멍을 뚫어 놓고 내빼기가 일쑤여서 쉽게 잡기 어렵고, 뚫린 구멍으로 물이 모두 빠져나간 다음에나 구멍을 발견하였다.

할아버지에게도 물구멍을 찾는 노하우가 있기는 하다. 위 논에서 흑탕을 치고 아래 논으로 흑탕물이 흐르는 지를 살피는 식이다.

그러나 할아버지가 이놈들을 잡았다는 말을 듣지 못했다. 어찌하여 이놈들을 잡는다고 해도 온 들판에 살고 있는 놈들까지는 어찌 해 볼 도리가 없는 노릇이었다. 이놈들의 입장으로 바꾸어 본다면 피차 자기들의 생명을 위해 하는 일이라는 것이리라. 농부는 농사짓기 위해 논두렁을 막아야 하고, 드렁허리는 자기들의 길을 위해 뚫어야 했을 것이다.

"에이, 몹쓸 놈의 것들!"

"물 한 섬은 쌀 한 섬 인디, 논물 훔치는 놈은 생명도둑이여!"

살포로도 어찌할 수 없는 논물 도둑. 할아버지가 화난 모습으로 살포를 거꾸로 짚고 오시는 모습이 생생하다.

나는 마음속에 농사를 짓는다.

사회와 직장을 위해 농사를 짓고, 가정을 위해, 자식 농사도 짓는다. 농사를 짓는 순간순간마다 드렁허리의 습격을 받는다. 그럴 때 마다 나는 할아버지가 사용하셨던 살포를 잡는다.

내 마음의 논두렁에 도사리고 있는 시기와 질투심, 교만과 분, 물욕과 정욕, 권력과 명예욕 등 온갖 욕심이 치밀어 오를 때 마다 살포로 꾹 누른다.

살포는 나에게 늘 파수꾼이다.

호박순

누군가 문 앞에 가져다 놓은 호박순이 저녁밥상에 올라왔다. 호박순은 신선한 것을 살짝 삶아 강된장을 발라 밥을 싸 먹으면 제격이다. 여름철에 김이 모락모락 나고 따끈할 때 싸서 한 입 넣고 씹으면 더욱 좋다.

호박잎에 붙은 보송보송한 솜털이 입안을 거칠게 자극하는 것이 오장육부를 깨끗이 씻어 내린다.

문득 어린 시절이 떠오른다. 어머니가 호박순을 따다가 밥상 위에 올려놓고, 밥 한 술 크게 떠서 쌈을 싸 맛있다고 하면서 드셨다. 그 시절엔 여름철 내내 상 위에 올라왔다.

나는 호박순이 싫었다. 맛이 없는데다가 거칠거칠한 솜털이 마치 벌레 씹는 기분이었기 때문이다. 그런 호박순이 나이 든 지금은 왜 맛이 좋아졌는지 모르겠다. 입맛이 변했을까? 호박순이 변했을까? 어쨌든 지금은 어머니가 좋아하시던 그 맛을 알 것 같다.

호박순을 자세히 들여다본다. 호박 줄기의 우듬지다. 우듬지는 실갑이 가느다랗게 뻗어 있고, 줄기겨드랑에 꽃 싹이 붙어있는 팥알만 한 호박이 열려 있다. 다 자라면 큰 호박이 될, 애호박 보다 더 작은 애기 호박이다. 내가 호박 한 개를 먹어 치운 것이 아닌가?

팥알만 한 호박이 내 몸 안에서 자라고 있다. 어머니의 정신이 내 안에서 자라고 있다. 호박이 꿈틀거리고 호박 끝에 붙어 있는 꽃이 자란다. 아침에 노란 꽃으로 피었다가 해가 높이 뜨면 다소곳이 꽃잎을 접는 수줍은 여인.

이때 농부가 나타나 수꽃 수술 따다가 암꽃에 혼인시키겠지. 그러면 혼인한 호박부부는 새 씨앗을 만들고, 그 것은 호박순이 되어 또 씨앗을 만들고...

마치 어머니는 나를 기르고, 나는 내 자녀에게 어머니를 이어주고, 아이는 또 자기 자녀의 어머니가 되는 거야.

호박순 실 줄기가 계속 자라고 있다. 넝쿨이 내 몸속에 넘친다. 온 몸에 가득 퍼지고 호박이 주렁주렁 열릴 것이다. 풍년이 든다. 호박이 모두 익으면 농부가 거두어 팔아서 큰 돈 벌고 흐뭇해하겠지?

잎사귀 뒤쪽엔 거칠거칠한 솜털이 나있다. 어렸을 때 싫어했던 솜털의 모양은 그대로인데, 입맛을 돋워주는 주인공의 모습이 당당하다.

"솜털은 내 자존심이거든요?"

호박순 쌈맛이 싹 달아난다.

베트남 방문기 외 1편

1. 존재의 확인

코로나가 앗아간 생활의 제약 때문에 혈육의 정을 그리워하면서도 영상으로만 접속하며 지내 온지 3년여 세월, 야속하고 원망스러웠지만 언젠가 종식되리라는 확신으로 기다리던 6월 중순 크나큰 선물이 도착했다. 베트남의 호치민시에 살고 있는 아들한테서 왕복항공권이 그것도 우리 부부와 일산에 사시는 사돈 내외분 몫 까지 전송되어 왔다.

불청객 코로나가 오기 전 손자 녀석은 초등학교 1학년을 막 마치기 직전 2019년 12월 말경에 어린애 티가 영력하게 남아 있던 인천공항에서 고사리 손을 흔들며 헤어 진지 정확하게 30개월만의 일이다. 그곳 베트남 역시도 코로나의 안전지대는 아닌 만큼 서로의 안부를 물으며 신상 걱정은 물론이고 무에서 유를 창조하라는 회사의 지사 설립오더를 안고 떠난 아들 가족을 생각하면 늘 걱정과 염려가 되었다. 언어와 환경이 다른 이국 베트남에서의 새로운 사업시도는 그 무게감이나 압박감이 얼마나 컷을 지 밀하지 않아도 짐작이 가고 남음이 있다. 또한 초등 1년생으로 한글마저 완벽하지 못한 채 국제학교 시험에 합격하여 영어로 수업을 해야 하는 손자의 부담감 또한 얼마나 컷을 지 생각하면 손자를 둔 그 어떤 할아버지 할머니라도 충분히 이해하지 않을까 하는 생각이 든다.

이런 상황을 옆에서 지켜보며 노심초사해야만 했을 며느리까지 참으로 세 식구의 굳은 의지와 노력이 오늘을 만들지 않았나 하는 마음에 국내에서 편안하게 지내는 부모로서 미안하고 감사하고 자랑스럽다는 말을 전하고 싶을 뿐이다.

그 무엇으로도 대체되지 않고 채워지지 않는 것 하나 그것은 바로 사람의 접촉에서 오는 온기와 채취 가족만이 느낄 수 있는 고유의 향기라는 것을 깨닫는 시간이기도 했다. 느낄 수도 맡을 수도 없는 간절함만 더해갔던 시간들을 방역체계까지 어려운 코로나 전쟁 속에서도 서로가 견디며 각자 맡은바 주어진 임무를 차근차근 실행해 가는 아들의 수고로움이 짐작되고도 남는다. 회사와 가정이라는 굴레의 울타리를 큰 과오 없이 안전하고 원할 하게 지금까지 이끌어 오는 중에 이제는 한 숨 돌릴 수 있는 시간의 여백을 만들어 우리에게 할애 한다하니 이 큰 영광이 어디 있을까 하며, 설레는 마음을 안고 비행기 탑승만을 고대하고 있었던 터이었다.

지금까지 베트남여행을 3번이나 다녀왔었지만 이번 여행은 아주 특별하다고 해야 할 것 같다. 무엇보다 무남독녀 외동딸을 둔 사돈내외분과 동행하게 된 것이 무엇보다도 뜻 깊고 큰 기쁨이었다. 사돈과의 동행을 주변에서 의아해 하며 걱정 반 부럼 반 보내는 분이 많지만 다 좋은 뜻으로 생각한다. 사돈과는 손자 어렸을 적에 제주도를 가본 적도 있을 뿐만 아니라 봄가을 만나서 식도락을 즐기는 멤버가 되기도 하여 이번에도 서로가 큰 부담은 안 느끼리라는 생각으로 즐겁게 떠날 수 있었다.

항공사의 운항이 많지 않다 보니 저녁 비행기로만 출발할 수밖에 없는데다 자리다툼까지 심하여 좌석 잡기가 매우 어려웠다고 한다. 그런데도 우리는 나란히 창가에 앉았다. 오랜만에 먹어 보는 기내식을 먹으면서도 운항항로 안내 모니터에 눈을 떼지 못했다. 다섯 시간 정도의 운항 끝에 퉁퉁 부은 다리를 이끌고 호치민 공항에 내려 수속을 하다 보니 얼마나 느린지, 1시간 이상을 지체하고 나서야 마중 나온 아들과 30개월 만에 비로소 해후의 기쁨을 나눌 수 있었다. 숙소는 아들집과 바로 옆 동에 있는 아파트를 단기임대로 얻어놓은 신혼 방 같은 숙소였다.

2. 젊음이 달리는 도시

옛날 월남의 수도 사이공 현재의 호치민시의 아침이 밝아왔다. 시차도 다소 있고 피로의 누적도 있다 보니 잠이 제대로 올 리가 없었다. 그것보다 더 큰 불면은 손자와의 첫 대면이 이루어지지 않은 기다림의 밤이었기에 더욱 그렇지 않았 나 싶다.

숙소인 아파트 17층에서 바라다 보이는 손에 닿을 듯한 호치민시의 랜드마크 81층 빌딩이 아침 햇살에 눈부시다. 초인종이 울리고 간절하게 그리웠던 손자가 들어서는 순간 환성이 터져 나왔다. 키도 많이 크고 살도 통통하게 쪄 달라진 손자의 모습에 넷의 할아버지 할머니들은 손자를 한번 씩 끌어안고 온정을 주고받는 기쁨을 만끽했다.

부족한 잠에 몸은 무겁지만 첫날의 아침식사는 아파트 바로 앞의 식당에서 쌀국수로 간단하게 먹었는데 국내에서의 맛과는 비교가 되지 않았다. 아들은 이미 일주일 일정표를 짜들고 다니면서 그대로 행하는 기획력을 보여줬다.

그동안 베트남어를 공부하여 영어를 쓰지 않고도 소통을 잘해 관광이든 쇼핑이든 아무런 불편함이 없이 우리를 안내 하였다. 다음날의 일정은 아주 특별한 일정이었다. 우리부부와 아들 손자 3대가 골프를 치는 일정이었는데 아들과 11살짜리 손자의 샷 솜씨가 놀랄 정도였다. 그것도 이틀이나 쳤는데 아들 며느리와는 국내에서도 함께해 본적이 있었지만 우리 시니어 골퍼들의 폼과는 비교가 안 될 정도로 정교함에 다시 한 번 놀라지 않을 수 없었다. 3대가 함께하는 마사지와 사우나는 앞으로도 쉽지 않을 것이라는 생각을 하면 감개가 무량하고 흐뭇한 마음 가득 차오른다.

베트남에서의 마지막 저녁은 흔치않은 선상 파티를 준비했다. 관광을 위한 전문 선박은 없다고 하는데 용케도 아는 분의 배를 빌리게 되었다 한다. 우기에 접어들어 오후만 되면 어김없이 한 줄기씩 쏟아지는 비 때문인지 황토빛 사이공 강을 유람하며 선상파티를 한다는 것은 쉽지 않은 선택이었고 행운이라 하겠다. 두 시간을 왕복하는 배안에서의 도심의 야경은 그야말로 불야성을 이루는 정말 아름다운 풍광이었다.

젊은 층 중에, 30세 미만의 비율이 국민의 50% 정도라니 대단한 동력이라 하겠다. 시청 앞 광장의 끝없는 젊은이들의 야간 데이트 풍광은 장관이었다. 오토바이 한 대에 4명의 가족이 타고 저녁시간을 즐기려는 이도시야 말로 생동감이 넘치는 도시임에 틀림없다.

어느덧 일주일이 지났다 떠나는 아쉬움에 눈물을 흘리던 손자의 얼굴이 지워지지 않는다. 하나밖에 없는 손자를 지극하게 사랑하시는 사돈댁들께도 감사함을 전했다. 그러면서 앞으로 얼마 동안 그곳에 머무르며 생활을 이어갈지는 모르겠지만 귀국하는 날 까지 모두들 건강하고 주어진 임무를 잘 마무리하고 돌아오기를 간절히 기원하면서 다음을 기약해 본다.

축제의 그늘

가을의 절정 추석 무렵이면 각 지자체들이 벌이는 다양한 축제가 열린다. 지자체들의 지역 특산품 홍보와 손님 끌기 경쟁이 풍성한 가을을 뜨겁게 달군다. 축제를 알리는 크나큰 애드벌룬이 청명한 가을하늘에 두둥실 떠 있는가 하면 각종 만국기가 펄럭이게 하여 축제분위기를 한껏 돋우기도 한다. 구월 중순에 내가 가본 천안에서 열리는 세계 웰빙 식품 박람회가 그렇고 청양의 구기자축제 보은의 대추 축제 등이 그러했다.

옛 부터 선조들은 "더도 말고 덜도 말고 한가위만 같아라." 고 했다. 물질로 풍성하고 마음으로 풍요로운 가을 축제가 곳곳에서 열리지만 정작 전국단위나 광역단위의 축제는 그다지 많지 않다는 게 아쉽기만 하다. 현재 관광 문화 상품으로 공식 등록된 축제만도 50여개나 된다고 하니 그야말로 가을은 명실공히 축제의 계절이라 해도 과언이 아닐 것이다.

이밖에도 지자체의 공식 행사가 아니면서 축제 형식을 모방한 체험행사 또한 셀 수도 없이 많은 게 현실이다. 농촌 체험이니 어촌 체험 이니 하는 행사 등이 있는데 이것은 개인이나 부락 단위로 이루어지는 경우가 많다. 한 술 더 떠 일부 상술로 이어져 생산자나 소비자 모두에게 어처구니없는 속임수까지 등장하는 현실이 존재하고 있다는 사실이다.

구월 중순경 내가 잘 아는 동네 여성회장님의 초대로 친구 두 명과 함께 포도체험 가는 곳에 초대받았다. 원래 일정을 전달받기는 포도체험은 포도를 따서 일정량(2kg)을 본인이 가져올 수 있으며 그 이상이 필요하면 구매를 해

오는 것이었다. 회비는 6천원이었다. 팩스로 보내온 하루일정은 불고기백반으로 점심을 먹고 포도체험을 한 후 두 시간 동안은 수목원에서 산책을 한다는 게 주체 측의 설명 이었다. 언뜻 들으면 누구나 구미가 당기는 일이었다. 약간의 의구심이 생기지만 요즘 농촌 일손이 모자라 그렇게 하는가 보다. 라고 짐작을 했다. 가을 여행가는 기분으로 바쁜 친구들 이었지만 그런대로 즐거워했다.

버스가 출발하자마자 아주 건장한 여자 인솔자가 마이크를 잡는다. 남자 이상의 체격의 소유자였다. 배는 만삭보다 더 불룩 튀어나왔으며 거기다 목소리까지 허스키했다. 웬만한 뱃장이 아니고서는 말 걸기조차 꺼릴 정도의 인상이었다. 그러나 그런 외형만으로 사람을 평가하고 편견을 갖는 것은 상대에 대한 예의가 아니라는 생각을 했다. 그러나 시간이 지나면서 그것은 나의 판단 미스였다. 첫인상이 다소 좋지 않다 하더라도 그 사람의 언어 구사능력이나 상냥한 미소가 있었다면 우리나라 속담처럼 “뚝배기보다 장맛”이라는 말로 안심하는 게 사람들의 심리일 터인데 그 인솔자는 한마디로 구릉지를 치고 달리는 중고탱크와도 같았다.

겸양도 미소도, 상대를 배려하는 아량도 없이 동문서답 식으로 자기 할 말만 늘어놓는다. 일정표에는 아예 없는 금산의 홍삼공장 방문과 사슴목장방문이 잡혀 있으며 산책코스는 아예 일정에도 빠져있었다. 정확한 귀가 시간도 맞출 수 없다는 것이 인솔자의 요지였다.

순간 버스 안은 찬물을 끼얹은 듯이 조용했다. 그러나 잠시 후 차안은 술렁거리기 시작했다. 나름 동네에서는 둘째가라면 서러워 할 사람들이 대부분 모인 자리인데 감히 사전 예고도 없이 일방적으로 발표하는 것은 완전한 사기라면서 흥분했다. 몇몇 사람들은 그러면 그렇지 하며 예상했다는 듯이 이해하려 했지만, 요즘 시골사람들 한데도 안 통하는 방문 변경이었다. 당연히 기분 나쁘지만 인솔자의 몰지각한 발언과 마구잡이식 언어 구사 방법이 더 참기 어렵고 분통이 터진다는 것이었다. 도저히 묵과할 수 없다고 언성을 높이며 차 안의 분위기를 이끌어 가는 성격 급한 여성 회장님도 있었다.

결국 버스를 갓길에 세우고 가느냐. 마느냐로 옥신각신 했다. 오히려 그 인솔자는 이런 사람들은 처음이라면서 잘못을 인정하기는커녕 밖에 나가 애꿎은 담배만 연신 빨아대며 내리려면 내리라는 식으로 투덜댔다.

그러나 아침 일찍 서둘러 나온 사람들을 그냥 중간에서 돌려보낸다는 것은 말도 안 된다는 생각으로 내가 중재에 나섰다. 중재라고 해 봐야 양쪽 감정을 누그러트리고 버스를 출발시키는 것이었다. 다행이 묵시적 합의로 버스가 다시 목적지 금산을 향해 출발했다. 두 시간 이상을 가면서도 버스 안은 냉랭하기만 했다. 무슨 말을 하던지 너는 지껄여라 나는 잔다는 식이었다. 한번 입은 마음의 상처와 그 인솔자에 대한 부정적 선입견이 도무지 풀리지를 않는 것이었다. 더 가관인 것은 맨 처음 소개시켜준 사무실의 담당자 아가씨는 아예 전화조차 받지 않았다.

기분이 채 풀리기도 전에 금산에 도착하여 먼저 홍삼판매 공장과 이어서 사슴목장 이라는 곳으로 안내 되었다. 그러나 어디에도 제조하는 공장은 보이질 않았다. 사람들을 모아놓고 강의하는 강의실만 즐비하게 있었다. 강사의 홍보가 끝나자 여직원들이 대거 몰려와 주문서를 들고 판매에 나섰다. 처음에 눈치만 살피던 우리 일행은 한사람이 주문을 하자 우르르 뇌동매매에 들어갔다. 정작 포도체험이 주가 아니고 이런 식의 판매목적이 주가 되어버렸다. 그런데 그곳의 판매 방식이라는 것이 어느 곳이던 똑 같다는 것을 나중에 알았다.

중식을 먹고 나서야 겨우 영동 포도밭으로 향했다. 잘 가꾸어진 포도밭에 주인아주머니가 기다리고 있었다. 자신들이 가져갈 포도 2킬로 그람 외에 일행이 추가로 구입한 포도는 5킬로 그람 박스 2만 원짜리 열 박스정도를 매입했다. 금액으로 해봤자 20만 원밖에 안 되는 돈이다. 여기에 인솔자 에게 3박스를 제공하고 일행 32명에게 2킬로씩 제공하였으니 아무리 계산해도 배보다 배꼽이 더 큰 셈이었다. 일손이 모자라는 농촌현실이라고는 하지만 하루도 쉬지 않고 여름내 피땀으로 가꿔온 귀한 포도가 이렇게 제 가격을 못 받고 소모되는 현실이 너무 안타깝고 가슴 아팠다. 포도밭을 핑계 삼아 먼저 방문한 그 두 곳에서의 구매 대금은 어림잡아 7백여만 원이나 되고 보니 포도밭 주인아주머니가 더욱 안타까워보였다. 평생을 포도농사만 지으시다 올봄에 돌아가신 장모님 생각에 더욱 씁쓸했다. 힘들게 포도농사 지어 박스가 터지도록 담아 보내주셨던 장모님이 오늘따라 그리워진다.

꿈속에 전생이런가 외 1편

애지중지하던 강아지가 수명을 달리했다.

강화, 화장장에서 화장을 해 뿌리고 온 날 꿈을 꾸었다.

꿈속의 그곳은 마당이 널찍했다.

관가 같기도 한데 마당 한 켠에는 우물이 놓여 있었고 그 옆으로 아낙 한 분이 물을 긷고 있었다. 다른 한 켠에는 화덕에 큰 가마솥이 걸려 있고 무엇을 끓이는지 김이 모락모락 나고 있었다.

마당 저편에는 수십 명의 병사들이 바삐 왔다 갔다 하고 그들 중 한 명이 내게로 다가왔다. 키가 크고 늠름하니 인상 깊었는데 그는 내게 "아가씨 얼굴에 검뎅이가 묻었으니 닦아드릴게요"라고 말했다.

그랬더니 옆에 있던 다른 이가 병사에게 말하길 "저 아가씨가 누구길래 얼굴까지 닦아준다고 하는게요?"라고 물었고 병사는 "이제껏 몰랐단 말이요. 대대장님이 애지중지하는 따님이 아닌가요."하며 말을 받아치더니 아낙을 향해 소리쳤다.

"아즈메, 여기 뜨거운 물 한 바가지 떠오소!"라고 말이다.

아낙은 바가지에 물을 길어왔고 작은 대야에다가 부었다. 병사는 나의 얼굴을 가만가만히 씻었고 나는 그런 병사가 싫지는 않았다.

그때 어디선가 헛기침 소리가 났다. 마당 저편에 안채인 듯한데 여인이 앉아있는데 그 모습이 어찌나 우아하던지 넋을 잃고 바라보고 있자니 어디선가 메아리쳤다.

"위제만, 위제만!"하고 이름을 부르는 소리에 깨어났는데 꿈치곤 참으로 이상했다. 위제만이 누구시길래 꿈에 생생하게 들렸던 것일까.

꿈을 꾼 날, 내게로 두 부부가 찾아왔다. 평소에 친근하게 지내던 터라 두 부부에게 꿈 이야기를 들려주었더니 신기해했다. 혹시라도 실존한 인물이 아닌가 한번 인터넷을 찾아보아야겠다고 했다. 어찌 그리 선명하게 이름을 기억할 수 있겠느냐는 것이다.

검색해보니 위제만은 고려 때 사람으로 기록되어 있었다. 지방 관리로서 칠품의 관직인 행정관리를 보는 사록이라는 벼슬을 했다.

품계는 낮아도 문과에 급제한 이로써 나라에 제사나 사신 접대를 하는 폭넓은 임무를 수행했다는 것이다. 위제만은 한때는 월정화라는 기생에게 매료되어 부인이 근심해서 분노로 죽었다고 기록되어 있었다.

진주읍 사람들은 부인의 슬픔을 애도하기 위해 전해져 내려오는 것이 진주난봉가라는 것이다.

진주 난봉가는 황해도에서 전해오는 가사라고 하는데 진주 낭군과 진주 남강 빨래 운운하는 것을 볼 때 진주지역의 노래가 분명하다고 여긴다고 한다.

고려 시대의 작가 연대 미상으로 고려사 악지에서 유래된 것으로 위제만이 월정화와 얽혀있고 고려가요에 월정화는 무녀에 기녀, 궁녀였다라고 하는 것은 샤먼인 내게 위제만이 어떤 지침서를 주기 위함에서인지. 월정화의 환영이 내게 흡수되어 애석하게 죽은 부인을 위로하기 위함인지.

위씨는 단일본으로 당나라 때 팽씨였고 황후도 있고 문장가, 정치가를 무수히 배출한 높은 가문이었다고 한다. 고려 광종 11년에 사선관이 되었고 목종 때는 문하시랑평장사, 8대 현종 2년에는 궤장 하사 익년에 문화시중상주국인 강화현 개국백을 제수받고 강화를 식읍으로 하사받아 본관을 강화 위씨로 하고 현종 3년 4월에 죽었다고 한다. 내가 꿈을 꾼 날도 4월 중순이고 강아지 화장한 날도 같은 달이면 무엇을 예지하고저 함인지도 모른다.

꿈속에서 안채에 앉았던 여인이 월정화에 빠진 위제만 때문에 자결했다는 그분인가. 그렇다면 나는 전생에 위제만의 딸이었는가. 아니면 내 아버지가 고려 충렬왕의 자손 충렬공파 37대손이라서 조상끼리 얽힌 일이 있어 그런 꿈을 꾼 것인지. 참으로 아리송하다.

위제만이 후에 부인이 죽은 것을 알고 후회했다는 가사를 진주 사람들이 추모곡으로 불렀다는데 마침, 몇 해 전에 김용우라는 이가 무대에서 진주난봉가를 공연했다는 것을 알게 되었고 그 노래의 한 구절을 읊조려 본다.

진주 낭군 오실 터이니 진주 남강 빨래가자 산도 좋고 물도 좋아 우당탕탕 빨래하는데 난데없는 말굽 소리

고개 들어 그곳 보니 하늘 같은 갓을 쓰고 구름 같은 말을 타고서 못 본 듯이 지나간다. 진주 낭군 왔으니 사랑방 가라. 온갖 안주와 기생첩 옆에 끼고서 권주가를 부르더라. 이 광경 목격한 며늘아가 아랫방에 물러 나와 아홉 가지 약 먹고서 목매달아 죽었더라. 진주 낭군 깨닫고서 화륫정은 3년이요. 본댁정은 백년사랑 사랑 사랑 내사랑아 이럴 줄 몰랐다. 너는 죽어 꽃이 되고 나는 죽어 벌, 나비 되어 남녀 차별 없는 곳에서 천년만년 살고지고 어화둥둥 내 사랑아.

블루클럽

동네 어귀에 미용실 한 곳이 문을 열었다.

대여섯 평 남짓이나 될까.

미용 의자 두 개와 나무 의자 하나가 놓여 있는 소규모 공간이다.

간판에는 블루클럽이라는 상호가 쓰여 있고 실내는 온통 청색 계통으로 치장을 했다.

유리창에는 남성 전용 커트 전문점이라고 쓰여 있다.

이제 막, 개업한 듯 문 앞에 화환과 화분이 놓여 있다. 남성을 위한 미용이라면 평소에 미용실 가길 꺼리던 남편에게는 참으로 잘된 일이기에 얼른 소식을 전해 주어야겠다고 마음먹었다.

그이의 머리카락이 비단실보다 가늘다고나 할까. 머릿결도 가늘고 숱이 적은 데에 소갈머리가 훤히 보여 한번 외출하려면 스프레이를 뿌리고 몇 분이 지난 후에 빗으로 빗어 한 가닥씩 작업하니 얼마나 힘들겠는가.

그이와 정반대인 나는 머리카락 발이 굵고 숱이 많아 미용실에서 솎아낼 지경이라. 그런 내게 백만 불짜리 머리카락이라고 부러워한다.

어쩌다 햇빛 가리개인 모자를 쓰려고 하면 당신 나이에 이렇게 숱이 많은데 모자는 절대 사절이라면서 극구 말린다. 땡볕에 모자를 안 쓰면 혈압에 지장 있다고 하니 머리숱이 없는 이들이 멋 내기 모자를 사용하는 것이라고 궤변을 늘어놓는다.

그런 그이는 마침 머리 손질 할 때가 되었다면서 미용실로 향했고 그러길

대여섯 시간이 지난 후에야 집으로 돌아왔다.

현관문을 열기가 무섭게 나를 노려보는 그이의 모습이 생소하기까지 하다.

뒷머리는 바짝 추켜올리고 앞머리는 이마를 가리는 마치 '로빈슨 크루소'의 주인공 같다.

이 모양새로 어떻게 외출하겠냐고 하는 그이에게 나는 머리카락은 금세 자라나니 조금만 참으라고 했다. 그러면서도 한편으론 웃음보가 터져 나와 견딜 수가 없다.

화가 치미는지 눈 꼬리가 치켜 올라가고 두 볼은 붉게 물들어 있는 그이가 자초지종을 이야기하는데, 커트 값도 9천 원이라 저렴하고 미용사가 얄상하니 순하게 생겨 마음에 쏙 들어 의자에 앉았더니 긴 천을 목에 둘러 주더니 바리캉으로 한쪽을 확 밀어 버렸다나. 눈 깜짝할 순간에 일어난 일이라 당황한 그이가 "아니, 여보쇼! 바리캉으로 밀어 버리면 어찌는 거야? 물어보지도 않고!"라고 성내며 물었더니 미용사 왈, "여긴 다 그래요."라고 하기에 "이xx, 이거 어떡할 거야! 엉?"하고 벌떡 일어나니 미용사는 그길로 줄행랑치고 긴 천을 두른 채로 그이는 미용사를 찾아 나섰다고 한다.

길거리에서 한참을 두리번거리면서 찾았다는 그이.

지나는 이들이 어찌나 키득거리든지 창피하기까지 했다고 하니 덩치 큰 이가 목에 두른 천이나 두고 나올 것이지 얼마나 당황했으면 그 모양새로 미용실을 박차고 뛰쳐나왔을까.

드디어 미용실 옆에 있는 떡볶이 집 주방에 숨어 있는 미용사를 찾아냈고 미용사는 벌벌 떨면서 "아저씨 돈 안 받을 테니 그냥 가세요."라고 하더라나.

아니, 이 모습으로 어찌 그냥 가겠는가, 미용은 마저 해야 할 것 아닌가.

긴장한 미용사를 달래어 머리 손질 끝마치고 나왔다면서 젊은 사람이 하는 일이라 그냥 올 수 없기에 거금 일만 원을 주고 왔다고 하는 그이에게 참 잘

했노라고 위로를 했다.

총각 시절, 장발 단속에 걸려 뒷머리를 바리캉이 서너 군데 자른지라 그이는 친구 편으로 집에서 데이트하자고 청한 적이 있다.

그 일 후로는 머리 모양에 유난히 신경을 쓰고 지냈으니 이번 일로 무척이나 충격을 받았으리라.

후에 알게 된 것은 블루클럽 미용실은 젊은이들이 유행을 선호하는 커트만 하는 곳이기에 군인처럼 바짝 추켜올려 깎는다고 했다.

그래서인지 항상 문전성시를 이루는 미용실 앞을 오갈 때마다 정보에 어두운 내가 그이를 부추겨 일어난 일이기에 그때 일을 떠올리면 미안하기까지 하다.

그러면서도 한편으로 우스운 것은 어인 일일까.

아무리 세상이 변하고 유행 따라간다 해도 습관이나 모양새 추임새는 쉽게 바꿀 수도 변할 수도 없는 것인가 보다.

評論

초대평론

이정미

정호승 시에 나타난 기독교 신앙과 민중문학

– 시집 『서울의 예수』를 중심으로

1. 들어가는 말

정호승 시인은, 1950년 대구 출생으로 1973년 대한일보 신춘문예에 시 〈첨성대〉로 데뷔했다. 1976년 김명인, 김창완, 이동순 등과 함께 '반시反詩 동인회'에서 활동했다. 정호승은 인생사에서 늘 겪는 슬픔, 고통, 절망, 우울 등을 외로움, 행복, 희망, 용서 등으로 승화하고자 하는 정서를 다소 교훈성과 휴머니즘이 깃든 대중적인 정서로 나타낸 것에서 정통적 서정시를 추종한 시인으로 평가받았다. 일부 시에서는 인생과 현실을 비판하면서도 결국 긍정하고 바람직한 정서를 표출하는 경향을 보였다. "사랑할 수 없는 것을 사랑하기 위하여 / 용서받을 수 없는 것을 용서하기 위하여 / (중략) 아름다움이 이 세상을 건질 때까지"(〈맹인부부가수〉에서), "별을 보고 걸어가는 사람이 되어 / 희망을 만드는 사람이 되어"(〈희망을 만드는 사람이 되라〉에서), "눈 내리는 새해 아침에는 / 절망으로 흩어진 사람들이 모여 앉아 / 눈물의 굳은 빵을 나눠 먹는 일은 행복하다."(〈서울 복음 2〉에서)에서 보듯이 바람직한 정서를 다소 교훈적으로 권유하는 시적 서술에서 격렬한 현실 인식이 두드러졌다.

『서울의 예수』(민음사, 1982)는 첫 시집 『슬픔이 기쁨에게(1979)』에 이어 3년 만에 발표한 시집이다. 그 무렵 정호승의 시에 대해선 한국 민중의 전통적 감성에 깊이 몸담고 있으며 상실감과 헤맴에서 방황하는 행위를 통해 민중의 아픔을 노래했다는 평이 있었다.(정과리, 「민중적 감성의 부드러운 일깨움」 참조, 『서울의 예수』 해설) 민중이란 역사를 아는 의식 있는 시민이란 뜻이다.

1980년대는 한국문학사에서 소설과 시에서 민중문학이 싹이 튼 시대이다. 그 시대의 시 경향 중에는 전통과 서정을 추구하는 것과 민중적인 참여의식이 있었다. 일부 참여문학에서는 전통적 서정성 추구를 보이기도 했다. 그에 힘입어 민중문학은 서정적 분위기와 함께 시적 본질을 이루었다. 대체로 소재 중심주의였고 전통적 한의 서정을 살리며 새로운 모랄을 추구했다. 민중문학에서 다루어진 사회 문제는 분단, 억압적 정치 상황, 농촌의 피폐와 붕괴, 경제적 불균형, 도시 시민이나 빈민층의 어두운 생활, 지식인의 좌절과 번민 등이었다. 이런 사회 문제를 다루는 시들은 대체로 사회적 연대 의식을 추구했다. 정호승의 초창기 시에서도 이런 경향을 발견할 수 있다. 그의 일부 시에서 특히 시집 『서울의 예수』에서 기독교 신앙을 소재로 한 시들을 보면, 민중문학의 주된 경향처럼 사회적 연대 의식과 함께 나름의 현실 비판과 풍자를 나타내면서 서정성을 겸하고 있다. 〈부활절〉, 〈가을 일기〉, 〈고요한 밤, 거룩한 밤〉, 〈마더 데레사〉, 〈서울의 예수〉, 〈시인 예수〉 등이 그 예이다. 그 외 〈며칠 후 며칠 후〉, 〈서울 복음 1〉, 〈서울 복음 2〉, 〈공동 기도〉에서는 기독교의 윤리와 교리를 패러디하는 내용이 들어 있다. 이글에서는 기독교 신앙과 예수를 어떤 기법으로 시적 인식의 대상으로 삼으며 어떻게 시적 주제와 시적 미학을 이루었는지를 민중문학이란 위상에서 살펴본다.

2. 현실의 비판과 인식의 주체가 된 민중의 대명사 '예수'

해방 이전에 발표된 윤동주의 〈십자가〉에서 "괴로웠던 사나이 / 행복한 예수 그리스도에게처럼 / 십자가가 허락된다면"을 보면, 예수를 괴로움과 행복을 동시에 지닌 '사나이'라고 표현했다. 시인의 이런 대담성은 니체가 예수를 가리켜 '극도의 자기 도취자, 극도의 쎈티멘탈리스트'라고 표현했던 발상과 유사하다. 성서에 기록된 예수의 희생은 평범한 인간으로선 결코 도달할 수 없는 경지이기에 시인으로서는 다양한 시적 상상력을 발휘할 수 있다. 신학에서 예수님은 어떠한 본질을 가진 존재로 설명하고 있는가? 주지하듯이, 성경 속의 예수는 신이면서 인간의 모습을 취한 구원의 화신이다. 가장 낮은 자세로 모든 사람을 차별하지 않고 감싸고 사랑을 베풀었는데, 십자가 수난을 받은 후에 부활했다. 인간에게 초월자의 모습으로 존재하는 하느님이 인간에게 인간이 알아들을 수 있는 언어로 '계시啓示,reveal'해 준 사건은 예수의 육화와 탄생, 부활이다.

성서에 기록된 예수의 행적에 대해 흥미를 가미하며 세속화된 표현으로 나타낸 예는 1980년대부터 나왔다. 세속성은 특정한 욕망을 위해서 품위와 경건함을 저버리는 행위에서 드러난다. 고정희의 〈히브리傳書〉에서는 "예수 그리스도 그 사내는 / 대학을 다닌 적도 없습니다 / …가난한 거리와 버림받은 이웃과 / 냄새나는 유대인 거리 그 천한 백성들의 / 눈물과 한숨이 있었을 뿐입니다 / 찢어지게 가난한 히브리에게 / 무더기로 넘겨준 사내, 멋진 사내 예수"라는 일부 구절에서도 볼 수 있다. 이 시에서 예수를 친숙한 서민의 이미지로 구사하면서 예수의 공생활 모습을 압축해서 들려주고 있다.

그는 모든 사람을
시인이게 하는 시인.
사랑하는 자의 노래를 부르는
새벽의 사람.
해 뜨는 곳에서 가장 어두운

고요한 기다림의 아들.
(중략)
날마다 사랑의 바닷가를 거닐며
절망의 물고기를 잡아먹는 그는
이 세상 햇빛이 굳어지기 전에
홀로 켠 인간의 등불

- 〈시인 예수〉 일부

이 시에서는 만민에게 희망과 구원을 주는 예수의 모습을 서술하고 있다. 예수 자신은 절망을 소유해도 사람들에게는 등불을 켜주고 있다. 자연물을 소재로 해서 서정적 울림을 강하게 주고 있다. 이 시에서는 민중문학의 현실 비판성은 찾아볼 수 없다. 그런가 하면 시인은 예수님을 비정한 도회지 생활과 약자를 옥죄이는 최대의 절망적 상황에서 탄식하는 민중의 모습으로 보여주기도 했다.

1.
예수가 낚싯대를 드리우고 한강에 앉아 있다. 강변에 모닥불 피워놓고 예수가 젖은 옷을 말리고 있다. 들풀들이 날마다 인간의 칼에 찔려 쓰러지고 풀의 꽃과 같은 인간의 꽃 한 송이 피었다 지는데, 인간이 아름다워지는 것을 보기 위하여, 예수가 겨울비에 젖으며 서대문 구치소 담벼락에 기대어 울고 있다.

2.
술 취한 저녁, 지평선 너머로 예수의 긴 그림자가 넘어간다. 인생의 찬밥 한 그릇 얻어먹은 예수의 등뒤로 재빨리 초승달 하나 떠오른다. 고통 속에 넘치는 평화, 눈물 속에 그리운 자유는 있었을까. 서울의 빵과 사랑과, 서울의 빵과 눈물을 생각하며 예수가 홀로 담배를 피운다. 사람의 이슬로 사라지는 사람을 보며, 사람들이 모래를 씹으며 잠드는 밤. 낙엽들은 떠나기 위하여 서울에 잠시 머물고, 예수는 절망의 끝으로 걸어간다.

3.

목이 마르다. 서울이 잠들기 전에 인간의 꿈이 먼저 잠들어 목이 마르다. 등불을 들고 걷는 자는 어디 있느냐. 서울의 들길은 보이지 않고, 밤마다 잿더미에 주저앉아서 겉옷만 찢으며 우는 자여. 총소리가 들리고 눈이 내리더니, 사랑과 믿음의 깊이 사이로 첫눈이 내리더니, 서울에서 잡힌 돌 하나, 그 어디 던질 데가 없도다. 그리운 사람 다시 그리운 그대들은 나와 함께 술잔을 들라. 눈 내리는 서울의 밤하늘 어디에도 내 잠시 머리 둘 곳이 없나니, 그대들은 눈 그친 서울밤의 눈길을 걸어가라. 아직 악인의 등불은 꺼지지 않고, 서울의 새벽에 귀를 기울이는 고요한 인간의 귀는 풀잎에 젖어, 목이 마르다. 인간이 잠들기 전에 서울의 꿈이 먼저 잠이 들어 아, 목이 마르다.

4.

사람의 잔을 마시고 싶다. 추억이 아름다운 사람을 만나, 소주잔을 나누며 눈물의 빈대떡을 나눠먹고 싶다. 꽃잎 하나 칼처럼 떨어지는 봄날에 풀잎을 스치는 사람의 옷자락 소리를 들으며, 마음의 나라보다 사람의 나라에 살고 싶다. 새벽마다 사람의 등불이 꺼지지 않도록 서울의 등잔에 홀로 불을 켜고 가난한 사람의 창에 기대어 서울의 그리움을 그리워하고 싶다.

5.

나를 섬기는 자는 슬프고 나를 슬퍼하는 자는 슬프다. 나를 위하여 기뻐하는 자는 슬프고, 나를 위하여 슬퍼하는 자는 더욱 슬프다. 나는 내 이웃을 위하여 괴로워하지 않았고, 가난한 자의 별들을 바라보지 않았나니, 내 이름을 간절히 부르는 자들은 불행하고, 내 이름을 간절히 사랑하는 자들은 더욱 불행하다.

- 〈서울의 예수〉 전문

〈서울의 예수〉는, 1979년 유신정권이 종말을 고하는 10.26사태가 일어나기 몇 달 전에 쓰여서 이듬해 월간지 「뿌리깊은 나무」 1980년 6,7월호에 처음 실렸다. 시는 서사성과 산문성을 유지하면서 강한 울림을 주고 있다. 1연에서 예수가 처한 장소는 한강에서 서대문 구치소로 이동한다. 이어서 서울의 들길과 눈길(3연), 가난한 사람의 창가(4연)에 머물기를 염원한다. 예수는, "인생의 찬밥 한 그릇 얻어먹은"(2연) 구원자이며 낮은 자리에서 세상을 바라보는 민중의 화신으로 변신했기에 "인간의 칼에 찔려 쓰러지"(1연)는 풀뿌리 민중과 같은 "들풀"과 함께 있다. 자연 그대로의 삶을 사는 나그네처럼 한강 둔치에서 모닥불에 젖은 옷을 말리며 낚시한다. 그 시간은 자기 성찰을 하는 저녁 시간으로 추측된다.

"겨울비에 젖으며 서대문 구치소 담벼락에 기대어 울고 있"(1연)는 예수는 탄압받는 민주 인사의 고통에 동참하고 있다. 타락한 인간의 욕망이 판치는 도회지와 약자에 대한 정치적 탄압이 난무한 세상에 출현한 예수는 수평적 자세에서 민중의 정서를 대변하느라 세속화된 이미지로 형상화했다. 이처럼 시적 화자는 보이지 않는 희망을 그려보는 민중의 정서를 예수의 이미지에 그대로 투영하고 있다. 시적 화자의 강력한 저항의 시선은 '강변', '모닥불, '들풀', '겨울비', '초승달', '이슬', '낙엽', '첫눈', '꽃잎', '풀잎', '새벽' 등과 같은 자연적 소재를 통해 서정적인 시선으로 일관하고 있다. 또한 예수를 객관적 상관물로 삼은 채 치열한 현실 인식의 힘을 보여주고 있다.

"서울의 빵과 사랑과, 서울의 빵과 눈물을 생각하며"(2연)에서는 자본주의 사회에서 추구하는 생존 양식과 그에 따른 고통을 말하고 있다. 이 구절은 "노래하리라 비 오는 밤마다 / 우리들 서울의 빵과 사랑 / 우리들 서울의 전쟁과 평화 (중략) 우리들 서울의 빵과 사랑 / 우리들 서울의 꿈과 눈물"(〈우리들 서울의 빵과 사랑〉에서)을 본다면 중복된 표현이 있다. 빵, 사랑, 꿈, 눈물 등은 현대시에서 일차원적이고 단순한 시어라서 해석의 단순함을 안겨준다. 시에서 서울이란 공간은 끊임없이 고뇌와 시련을 요구할 정도로 자본주의 논리와 정치적 억압, 욕망과 소비, 선악이 공존하는 현실을 비유하고 있다.

예수는 민중의 입장에서 구원을 갈망하고 있지만, 결국 갈망 그 자체에 그치고 만다. 이러한 모습은 2연에서 절망의 끝으로 걸어가고 있는 모습과 "어디에도 내 잠시 머리 둘 곳이 없나니,"(3연)라는 육성에서 잘 드러난다. 그 모습이 예수의 직접적 육성으로 점층적으로 전개되고 있다. 예수는 "서울이 잠들기 전에 인간의 꿈이 먼저 잠들어 목이 마르다,"(3연)고 한탄한다. 민중을 억압하는 거대한 세력이 있는 서울보다 먼저 절망하느라 잠이 드는 사람들 속에서 십자가 수난 당시처럼 목이 마른 것이다. 밤마다 잿더미에 주저앉아서 겉옷만 찢으며 우는 자는 예수와 동격에 있다. "등불을 들고 걷는 자는 어디 있느냐."(3연)에서는 등불을 들고 있는 예수의 일상적 공생활을 환기한다. 등불은 구원을 비유한다. 그러면서 "눈 내리는 서울의 밤하늘 어디에도 내 잠시 머리 둘 곳이 없나니, 그대들은 나와 함께 술잔을 들라. 술잔을 들고 어둠 속으로 이 세상 칼끝을 피해 가다가, 가슴으로 칼끝에 쓰러진 그대들은 눈 그친 서울 밤의 눈길을 걸어가라."라며 저항을 종용하며 외친다. "인간의 칼"(1연), "총소리가 들리고"(3연) "아직 악인의 등불은 꺼지지 않고,"(3연), "꽃잎 하나 칼처럼 떨어지는 봄날에"(4연) 등이 환기하는 이미지는 1980년대 군부독재 현실을 환기한다.

4연에서는 격렬한 저항과 탄식의 어조로 일관했던 1~3연과는 달리 매우 관조적인 시선으로 예수가 주체가 되어 추억과 그리움을 노래하는 낭만적 그리움의 정서를 서술하고 있다. 그렇지만 문맥상 결코 낭만적 서정으로만 읽을 수 없다. 매우 반어적이며 역설적인 논리로 현실을 풍자하는 5연으로 이어지기 때문이다. "나를 섬기는 자는 슬프고 나를 슬퍼하는 자는 슬프다."에서는 본래 신앙인의 자세대로 믿음으로 예수를 섬겨도 결국 슬픈 현실을 마주한다고 했다. 이러한 내용은 "내 이름을 간절히 부르는 자들은 불행하고, 내 이름을 간절히 사랑하는 자들은 더욱 불행하다."(끝 행)에서 절정을 이른다. 종교적 믿음조차 무색해질 만큼 현실의 절망은 그만큼 거대하다는 것이다. 5연에서는 현실 극복의 몸부림이 보이지 않는다. 극복의 몸부림은 독자의 몫이기도 하다.

이 시에서 신앙인의 삶이 때로는 행복보다는 불행이나 고통, 갈등을 겪는다는 거창한 논리를 말한다기보다는 결국 민중의 실존적 삶을 보여주고 있다. 예수를 민중과 고통을 함께하는 인물로 설정한 것은, 예수는 신비스러운 종교적 관념에서만 존재하지 않고 삶의 현장에서 존재한다는 것을 보여주고자 하는 의도에서 비롯된 것이다. 정호승의 이런 시적 경향은 기독교를 소재로 한 다른 시들에서도 볼 수 있다.

3. 성스러운 신앙과 탈관념 신앙에서 드러나는 이상과 현실의 양립

종교에는 본래 엄숙하고 신비스러운 기능이 있다. 기독교 신앙의 본질과 하느님의 존재가 현실 너머에 있는 피안 세계와도 같은 초월성을 지니고 있기 때문이다. 그 초월성에 대해 논리적으로 설명할 수는 없다. 반면, 서정시에서는 본질적으로 지니고 있는 상상력의 힘으로 초월적으로 존재하고 관념화된 대상을 얼마든지 패러디parody할 수 있다.

> 눈은 내리지 않았나
> 강가에는 또 다시 죽은 아기가 버려졌다
> 차마 떨어지지 못하여 밤하늘에 별들은 떠 있었고
> 사람들은 아무도 서로의 발을 씻어주지 않았다
>
> – 〈고요한 밤 거룩한 밤〉 일부

> 나는 어젯밤 예수의 아내와 함께 여관잠을 잤다.
> 영등포시장 뒷골목 서울여관 숙박계에
> 내가 그녀의 주민등록번호를 적어 넣었을 때

창 밖에는 가을비가 뿌렸다 생맥줏집 이층 서울교회의
네온사인 십자가가 더 붉게 보였다 (중략)
김밥을 먹으며 나는 경원극장에서 본 영화
벤허를 이야기했다 비비람이 치면서
예수가 죽을 때 당신은 어디에 있었느냐고 물었다
그녀는 말없이 먹다 남은 김밥을 먹었다
친구를 위해서 내 목숨을 버릴 수 없는 나는
아무래도 예수보다 더 오래 살 것 같아 미안했다 (중략)
가을비에 떨면서 영등포 경찰서로 끌려 들어가는
사람들의 발소리가 계속 들렸다 그때
서울교회의 새벽 종소리가 울려퍼졌다

－〈가을 일기〉 일부

〈고요한 밤 거룩한 밤〉에서는 기독교의 박애와 선량함이 존재하지 않는 부조리한 삶의 현장들을 배경으로 나열하고 있다. 제목이 주고 있는 평온한 정서와는 무관하게 현실은 모순과 부조리가 판을 치고 있다.

〈가을 일기〉에서는 예수를 세속적 현실에서 극단적 욕망의 화신으로 변형된 평민의 이미지로 형상화했다. 아내가 있다고 설정한 것 자체가 그러하다. 시적 화자는 기독교의 박애 정신이 드러난 영화 '벤허'를 감상한 이야기를 하면서도 현재 그와 걸맞지 않은 상반된 행위를 예수의 아내와 하고 있다. 〈고요한 밤 거룩한 밤〉과 〈가을 일기〉에서 보여주는 여러 배경은 현실을 반영하는 사실의 제시라 해도 어디까지나 시적 상상력에 의한 것이다. 〈가을 일기〉에 등장하는 예수를 성경 속의 예수로 볼 수 없다면, 단순한 성(聖)과 세속의 경계를 허무는 의도로 해석할 수도 없다. 절대적 선과 윤리가 무너진 도회지의 욕망을 품은 채 오직 소비로 생존을 영위해가는 시적 화자, 예수의 아내, 부재중인 예수는 모두 동일선상에 있는 인물이다. 시에서는 예수 부활 사건은 염두에 두지 않고 있으며 예수를 한시적 삶을 살았던 인물로 나타냈다. 그래서 예수의 아내는 어디까지나 허구적 인물이다. 신학적 설명에 의하면, 예수는 시공간을 초월한 채 존재한다. 성서 속의 예수는 지금 여기 타락한 서울의 교회 앞에서나 타락한 인물이 마주하는 상황에서 타락한 인물의 탈을 쓴 채로 출현한다는 것이다.

결핍 의식이 많은 현대인은 무언가를 지향하고자 하기에 실존적으로 불안한 존재이다. 게다가 부조리가 판치고 잔인하고 부당한 인간 역사의 영향을 받는 현실에서, 인간의 판단과 행위를 바로잡아 줄 신은 그 존재의 당위성이 있다. 그렇지만 인간을 위해 존재하는 종교가 실상 그렇지 못함을 깨달을 때 일시적으로 종교 생활을 벗어날 수는 있다. 그래서 위의 시에서처럼 예수와 그와 관련된 성서 속의 인물까지 세속성을 갖춘 희화적인 인물로 표현하거나 새로운 각도에서 거친 비판적 어조로 시적 위의威儀를 드러낸다. 여기에서 시인 자신의 현실 반항성이 나타난다. 예수에 대해 연상되는 불가시적이고 영원한 삶이란 개념은 현실에서 접하는 가시적인 현상이 지배하는 유한적인 시간 개념과는 수직관계에 놓여 있다. 이런 고정 관념은 인간의 노력에도 불구하고 낙원 의식은 뜬구름으로 보일 수 있다. 이러한 인식으로 인해 시에서는 구원의식을 지닌다 해도 그 과정은 험한 항로라는 것을 일깨워주고 있다. 그렇지만 신앙인으로서 겪는 시련과 온갖 사회적 부조리를 주어진 현실 또는 삶의 과정으로 간주한다면 위의 시들을 신앙 행위를 부정하지는 의도로만 해석할 수는 없다. 정현종의 시 〈냉정한 하느님께〉에서 “겨울은 추울수록 화려하고 / 길은 멀어서 갈 만하니까요”란 구절을 참조할 필요가 있다.

> 찔레꽃이 피던 날 한국을 떠나면서
> 그녀는 가난한 사람의 이름을 부르지 않았다. (중략)

그녀는 잠시 한국의 봄밤에 머무는 동안에도
부서진 산 위의 집들은 또다시 부서지고
바람에 흔들려야 나뭇잎은 노래를 불렀다.
버스를 타고 소년들은 밤늦도록 껌 팔러 다니고
낙태한 처녀들은 웃으며 골목길을 쏘다녔다.
교도소에서 갓 나온 갈 곳 없는 여자들은
용산역 앞 어느 늙은 포주를 따라가고
결국 가난이 없는 세상은 오지 않았다

– 〈마더데레사〉 일부

아무도 일곱 번씩 일흔 번을 용서하지 않았다.
자기의 목숨을 잃지 않기 위해서 누구나
자기의 목숨을 사랑하지 않았다. 질경이꽃들이 시들고
물위를 걸어가던 베드로가 다시 물에 빠졌다.

– 〈부활절〉 일부

'마더데레사'라는 성녀의 존재와 부활절 행사는 종교를 떠나서 사람들에게 희망과 위로를 준다. 이런 고정 관념을 〈마더데레사〉, 〈부활절〉에서는 현실 풍자와 반어법을 통해 관념으로만 존재하는 희망과 위로를 표면적으로 부정하고 있다. 〈부활절〉에서 '아무도', '누구나'란 대명사를 통해 공동체적 관심을 환기하면서 부정의 서술어와 호응한다. 마더데레사 성녀가 우리 곁에 존재해도, 해마다 부활절이 온다 해도 세상의 고통과 비극은 여전하다는 것을 보여주고 있다. 또한 행복을 염원하는 신앙적 생활은 고통스러운 현실이 있는 곳에서 시작한다는 것을 보여주고 있다. 〈마더데레사〉에서 비극적 현실을 드러내는 데에는 강한 현실 인식에 바탕을 두고 있기에, 껌팔이 소년, 낙태한 처녀, 출소한 여자 등이 연출하는 여러 풍경을 열거하며 시적으로 형상했다.

〈부활절〉에서 "아무도 일곱 번씩 일흔 번을 용서하지 않았다"라는 구절은, 다른 관점에서는 실천력이 없이 형식에 얽매여 기도하고 간구하는 신앙인 모습에 대한 회의를 드러내고 있다. 종교 의례 형식에 얽매어 타성에 젖은 신앙생활을 풍자하는 의도가 나타나 있다. 신앙인이 신앙생활에서 터득한 교리가 현실에서 조화롭게 운영되지 못했을 때 흔히 빠지기 쉬운 '종교적 회의'를 연상시켜 준다. 이런 내용은 독자에게 단순한 현실 인식력에 따른 공감을 주는 것으로 그치고 있다.

4. 나오는 말

철저한 현실주의가 곧 철저한 이상주의가 된다는 말이 있다. 그래서 참된 시 정신은 끊임없이 고뇌를 안겨주는 현실에 대해 진정한 갈망의 양상을 파악해서 대상을 새롭게 발견해서 새롭게 표현하는 것에 있다. 정호승의 초기 시에서는 현실 인식에 충실함이 종교적 구원으로 이어진다는 전제하에 예수를 억압적 현실을 인식하는 초라한 민중의 주체로 형상화했다. 그에 따라 기독교의 성스럽고 희망에 찬 모든 의식과 상반된 비참한 현실을 그대로 제시했다. 그의 시에서는 부정당하는 현실과 그것을 그대로 부정적 시선으로 바라보는 시적 화자의 민중 의식을 동격에 놓고 있다. 이런 점이 민중문학의 성과라고 할 수 있다.

정호승의 시에서 세속화된 예수와 비참하고 모순된 현실과 마주하고 있는 기독교 이미지를 나타낸 시는 시니시즘cynicism을 바탕으로 하고 있지만 결국 극복과 구원을 향해가는 긍정적 정신을 심어주고 있다. 예수와 기독교 신앙을 수직관계에서 찬양하기보다는 슬픔, 상처, 죽음, 고통, 목마름, 그리움, 방황 등처럼 준열한 현실 비판과 현실 인식을 의미하는 시어와 동일시하며 자아 성찰이 담긴 서정적 분위기를 자아내고 있다. 현실을 비판하되, 자신을 성찰하고 반성하는 의도가 서정성에 힘입어서 시적 형상화를 이루고 있다. 그의 이런 경향의 시는 문민정부가 들어선 시대에도 여전히 읽히고 있다. 민중문학이 지닌 현실 비판성이 서정적 바탕을 지니고 있다는 것은 우리 시문학의 정통성을 그대로 보여주고 있다.

시는 정신적인 가치를 형상화하면서 언어적 자율성을 띤 미적 대상물이라서 시적 소재에서 엄숙하고 경건한 종교적 이미지를 활용할 수는 있다. 그런 차원에서, 금욕적이고 엄숙한 이미지로 숭앙했던 기독교 신앙 내용과 예수를 세속화된 표현으로 격하하며 독자에게 충격을 주었다는 것은 나름대로 참신성을 확보했다고 할 수 있다. 그렇지만 단순한 호기심 차원에서 시적 대상을 발췌했느냐 여부는 독자의 판단으로 남을 뿐이다.

정호승의 시는 1960년대 모더니즘을 발전시킨 김수영의 시처럼 과열한 시정신에만 입각해서 또 다른 시니시즘이나 직설적인 폭로 형태로 나아간 점이 있었다. 그렇지만 김수영에 비해 자연적 소재를 시적 대상으로 삼아서 한결 서정적이고 휴머니즘 경향을 지녔다. 또한 현실적 배경이 담긴 사실적 현장 제시를 시적 내용으로 삼은 점은 독특한 언어미학을 이루었다.

시공간을 초월하는 신비적 예수의 존재를 실존적 차원으로 끌어들이는 시적 기법과 상상력을 통해 신앙을 더 이상 관념의 상태에서만 머물게 하지 않고 치열한 자의식을 가진 인간들의 삶의 현장에서 더불어 사는 모습으로 머물게 한 것은 하나의 성과였다. 그 성과는 민중문학과 종교의 행복한 조우遭遇를 가능케 한다.

착각의 시학 시끌리오 제17호

고독, 한 송이 꽃

초판인쇄 2022년 10월 27일

초판발행 2022년 11월 10일

엮은이_ 한국착각의시학작가회

발행인_ 이현자

발행처_ 도서출판 현자

기획 편집_ 이늦닢 장수현 권아올 이현자

E-mail_haje37@naver.com

등 록_ 제 2-1884호 (1994.12. 26)

주 소_ 서울시 중구 수표로 50-1(을지로3가, 4층)

전 화_ (02) 2278-4239

팩 스_ (02) 2278-4286

E-mail_001hyunja@hanmail.net

값 25,000원

ISBN 978-89-94820-82-8 03810